Lektüreschlüssel XL

für Schülerinnen und Schüler

Theodor Storm

Der Schimmelreiter

Von Swantje Ehlers

Reclam

Dieser Lektüreschlüssel bezieht sich auf folgende Textausgabe:
Theodor Storm: *Der Schimmelreiter. Novelle.* Hrsg. von Sabine Wolf. Stuttgart: Reclam, 2016 [u. ö.]. (Reclam XL. Text und Kontext, 19158.)
Diese Ausgabe des Werktextes ist seiten- und zeilengleich mit der in Reclams Universal-Bibliothek Nr. 6015.

E-Book-Ausgaben finden Sie auf unserer Website
unter www.reclam.de/e-book

Lektüreschlüssel XL | Nr. 15480
2017 Philipp Reclam jun. GmbH & Co. KG,
Siemensstraße 32, 71254 Ditzingen
Druck und Bindung: Canon Deutschland Business Services GmbH,
Siemensstraße 32, 71254 Ditzingen
Printed in Germany 2017

ISBN 978-3-15-015480-9

Auch als E-Book erhältlich

www.reclam.de

Inhalt

1. Schnelleinstieg

Autor	Hans Theodor Woldsen Storm, geboren am 14. September 1817 in Husum, gestorben am 4. Juli 1888 in Hademarschen
Erscheinungsjahr	1888
Gattung	Novelle
Ort und Zeit der Handlung	• Äußere Rahmenerzählung: erinnerte Lektüre im Haus der Urgroßmutter in den 1830er Jahren • Innere Rahmenerzählung: Oktobernachmittag in den 1820er Jahren, Wirtshaus in Nordfriesland • Binnenerzählung: um 1750 in Nordfriesland
Erzählaufbau	Doppelter Erzählrahmen mit einer Binnenerzählung: • Der äußere Rahmen mit einem anonymen Ich-Erzähler bleibt offen. • Der innere Rahmen mit einem weiteren anonymen Ich-Erzähler wird geschlossen. • Als dritter Erzähler fungiert ein Schulmeister, der die eigentliche Geschichte (Binnengeschichte) erzählt.
Adaptionen	Mehrere Lesungen (CD) und Bühnenfassungen, drei Verfilmungen (1933/34, 1978, 1984), zwei Graphic Novels, ein Kriminalroman

Die Novelle *Der Schimmelreiter* gehört zum Alterswerk von Theodor Storm. Sie wurde erstmals in der *Deutschen Rundschau* im April und Mai 1888 veröffentlicht. Das Erscheinen der ersten Buchausgabe im Herbst 1888 hat Storm, der am 4. Juli desselben Jahres verstarb, jedoch nicht mehr miterlebt.

Der Sagenstoff

Mit Vorarbeiten für diese Novelle begann Storm bereits im Jahr 1885. Er wollte einen Sagenstoff bearbeiten, der von einem Deichgrafen handelt und den er schon in seiner Jugendzeit kennengelernt hatte, konnte jedoch die Quelle nicht ausfindig machen. Er erinnerte sich an die Geschichte von einem Schimmelreiter, der einen Deichbruch verursacht und sich zur Sühne in eben jenen gestürzt hat. Bei drohender Gefahr einer Sturmflut taucht er als Wiedergänger auf. Auch die weitere Ausgestaltung seines Novellenplans erwies sich als schwierig, weil umfangreiche Studien zur Kartographie der norddeutschen Küstenlandschaft, des Deichbaus und der Eindeichung von Kögen vonnöten waren, und das entsprechende Material schwer zugänglich war. Unterbrochen wurde seine Arbeit nicht zuletzt durch seine schwere Krebserkrankung. Am 9. Februar 1888 konnte er die Novelle fertigstellen. Sie erschien im April/Mai 1888 in der *Deutschen Rundschau* mit einem anderen Schluss als ursprünglich vorgesehen.

Storms Bearbeitung

Aus der in seiner Jugend gelesenen Reitersage hat Storm bestimmte Erzählelemente übernommen, wie z. B. die gespenstische Reitergestalt, den Deichbruch und den Sturz in die Fluten. Die Rahmentechnik seiner Novelle und der eingeschobene Bericht eines Reisenden über eine seltsame Begegnung auf dem Deich, seine Einkehr in ein Wirtshaus und die durch dieses Erlebnis veranlasste Erzählung eines anwesenden Gastes über den Schimmelreiter gehen ebenfalls auf diese Quelle zurück. Storm hat die Geschichte allerdings von der Weichsel an die norddeutsche Küste verlegt und lässt sie im 18. Jahrhundert spielen. Protagonist ist Hauke Haien, der dank seiner Kompetenzen und seines Ehrgeizes vom Kleinknecht zum Deichgrafen aufsteigt. Die sozialen Voraussetzungen für diesen Aufstieg sichert ihm seine künftige Frau Elke durch ihre Besitzübertragung. Hauke Haien setzt gegen den Widerstand der Dorfgemeinschaft das Projekt eines neuen Deiches durch, der zum einen die Eindeichung eines neuen Kooges und damit Landgewinnung ermöglichen, aber zum anderen auch aufgrund der neuen Konstruktion eines abgeflachten Profils dem besseren Schutz gegen Sturmfluten dienen soll. Am Ende scheitert er und stürzt sich in der verheerenden Flutkatastrophe, durch die der alte Deich bricht und seine Familie umkommt, selbst in die Fluten. Seitdem erscheint er als Deichgespenst, um vor drohendem Unheil zu warnen.

2. Inhaltsangabe

Die Rahmenerzählungen

Die Novelle wird mit einer zweifachen Rahmenerzählung eröffnet, in die eine Binnengeschichte eingebettet ist. In der ersten, äußeren Rahmenerzählung berichtet ein anonymer Ich-Erzähler über eine Geschichte, die er vor mehr als 50 Jahren gelesen hat und seitdem nicht mehr vergessen konnte. In der zweiten, inneren Rahmenerzählung ergreift ein unbekannter Reisender, der bei stürmischem Wetter entlang der nordfriesischen Küste auf einem Deich reitet, das Wort und erzählt von der Begegnung mit einer unheimlichen Reitergestalt. Die Szene spielt im »dritten Jahrzehnt unseres [des 19.] Jahrhunderts« (S. 3). Er kehrt wegen des Sturms in ein Wirtshaus ein und berichtet von dieser gespenstischen Erscheinung. Die anwesenden Männer von der Deichwache bezeichnen diese als den Schimmelreiter. Auf die Frage des Reisenden, was es mit dem Schimmelreiter auf sich habe, beginnt ein kleiner, alter Mann, der Schulmeister, dessen Geschichte zu erzählen.

Die Binnengeschichte

Die Geschichte, die der Schulmeister erzählt, spielt im 18. Jahrhundert in Nordfriesland und handelt vom Aufstieg und Fall von Hauke Haien, einem begabten, weitsichtigen Deichgrafen.

Die Jugendzeit

Die Handlung setzt ein, als Hauke 16 Jahre alt ist. Sein Vater Tede Haien ist Kleinbauer und Landvermesser und als kluger Mann im Dorf geschätzt. Lernbegierde und Interesse an Landvermessungen, Berechnungen und Kartenzeichnungen von Deichen charakterisieren den jungen Hauke. Er hält sich viel im Wattenmeer und auf den Deichen auf und beobachtet, wie die Flut die Grasdecke des Deiches allmählich zerstört. Er leitet daraus ab, dass die Deiche zu steil gebaut seien und das Land und die Menschen vor Sturmfluten nicht richtig schützen würden. Er bringt sich selbst mit Hilfe eines Buches die euklidische Geometrie bei und sondert sich zunehmend von den Schulkameraden ab. Sein Vater möchte ihn von seinen gelehrten Studien abbringen, indem er ihn auf harte Deicharbeit als Tagelöhner verpflichtet. Doch Hauke setzt seine Studien fort.

Hauke sitzt nach der Arbeit oft stundenlang »an der abfallenden Seeseite des Deiches« (S. 11) und blickt in »die trüben Nordseewellen« (S. 11). Eines Abends sieht er dort im Nebel, der in der Dämmerung aus den Rissen des Watteneises aufsteigt, dunkle Gestalten. Es sind die Geister der Ertrunkenen, die auftauchen und als Seegespenster ihr Unwesen treiben (S. 15 f.). Aber trotzig, ohne sich von ihnen beeindrucken zu lassen, kehrt er nach Hause zurück.

An einem anderen Tag, als Hauke mit einem Eisvogel, den er im Watt erjagt hat, auf dem Weg nach Hause am Haus der alten Trien' Jans vorbeikommt, versucht deren weißer Angora-Kater, ihm die Beute zu nehmen. Hauke reagiert äußerst aggressiv und erwürgt das Tier. Für Trien' Jans hat der Kater, da er ein Geschenk ihres ertrunkenen Sohnes ist, eine große Bedeutung, und entsprechend laut ist ihre Wehklage. Sie verflucht Hauke und beschwert sich bei seinem Vater, der Hauke daraufhin nahelegt, auszuziehen und sich eine Stelle zu suchen. Die Tötung des weißen Angora-Katers von Trien' Jans markiert einen Einschnitt in der Entwicklung Hauke Haiens.

Der Kleinknecht

Hauke wird Kleinknecht beim Deichgrafen Tede Volkerts, der ihn gut für seine Amtsgeschäfte und die anfallenden Deichberechnungen gebrauchen kann, zu denen er selbst nicht fähig ist. Hauke übernimmt diese Aufgabe und kümmert sich um das Einhalten der Deichordnung durch die Dorfbewohner. Er lernt im Hause die Tochter des Deichgrafen, Elke Volkerts, kennen. Der Großknecht des Deichgrafen, Ole Peters, empfindet ihn als Konkurrenten, so dass sich zwischen beiden eine Rivalität aufbaut. Ole ist neidisch auf Haukes privilegierte Stellung im Haus des Deichgrafen und dessen intellektuelle Überlegenheit. Er ist auch eifersüchtig, weil Elke sich Hauke zuwendet. Die neuen Vorschläge des Deichgrafen zum Schutz der Deichanlagen, die eigentlich von Hauke stammen, stoßen auf viel Anerkennung bei dem Oberdeichgrafen.

Im dritten Jahr seines Dienstes bei dem Deichgrafen steht das Winterfest des ›Eisboselns‹ an, ein Wurfspiel mit Holzkugeln, bei dem die Dörfer der Marsch gegen die Dörfer der Geest antreten. Ole Peters versucht vergebens, Hauke Haien von dem Spiel auszuschließen. Jewe Manners, ein alter Deich-Bevollmächtigter, setzt jedoch dessen Teilnahme durch. Am Ende gewinnt Hauke Haien das Spiel für sein Dorf.

Er und Elke kommen sich näher. Er kauft einen Goldring für sie, behält ihn aber noch für sich, da die sozialen Unterschiede zu groß sind. Nachdem Ole Peters gekündigt und Vollina, die Tochter des Deich-Bevollmächtigten Jeß Harders, geheiratet hat, rückt Hauke Haien zum Großknecht auf. Dieses Amt gibt er jedoch wieder auf, als es seinem Vater gesundheitlich schlecht geht und er sich um dessen Hof kümmern muss. Der Vater hinterlässt Hauke nach seinem Tode etwas Erspartes, den Hof und eine Fenne (Weide) von Antje Wohlers, die aufgrund einer Leibrente in den Besitz von Tede Haien übergegangen war. Damit wird Hauke selbstständig und Inhaber eines kleinen Besitzes. Mit dieser neuen sozialen Rolle ist die zweite Entwicklungsphase von Hauke abgeschlossen. Elke hilft ihm in dieser Zeit und schafft Ordnung in seinem Haus.

Aufstieg zum Deichgrafen

Der Ehrgeiz, der neue Deichgraf zu werden, und die Auffassung, ihm stehe das Amt aufgrund seiner Fähigkeiten zu, wachsen in Hauke. Im neuen Jahr steckt er Elke heimlich den Goldring zur Verlobung an, aber sie müssen mit der Hochzeit warten, solange der alte Volkerts noch lebt. Nach dessen Tod wird über die Nachfolge des Deichgrafen gesprochen. Die fachlichen Kompetenzen von Hauke sind allgemein anerkannt, aber Voraussetzung für dieses Amt ist ein Besitzstand, über den er nicht verfügt. Elke mischt sich ein und gibt sich als seine Braut zu erkennen. Sie überschreibt ihm ihren Besitz noch vor der Hochzeit, damit er Deichgraf werden kann. Hauke ist zu diesem Zeitpunkt 24 Jahre alt.

Verleumdung und Isolation

Nach mehreren Jahren gemeinsamen Lebens mit Elke und harten Arbeitens isoliert sich Hauke zusehends von der Dorfgemeinschaft, die ihm die hohen Kosten für Deichreparaturen, Siele und Schleusen übel nimmt. Die Verleumdung von Ole Peters, er sei nur mit Hilfe seiner Frau Deichgraf geworden (S. 67), verbreitet sich und verbittert Hauke. Die Spannung zwischen den Dorfbewohnern und ihm verstärkt sich. Aufgrund dieser öffentlichen Kränkung verschließt sich Hauke noch mehr, aber auch sein Ehrgeiz, zu beweisen, dass er dieses Amt aufgrund eigener Leistung zu Recht verdient, ist angestachelt.

Nach siebenjähriger Amtszeit hat Hauke die Idee, einen Deich mit einer neuen Konstruktion, nämlich einem flachen Deichprofil, zu bauen, an dem die Sturmwellen sich brechen und dadurch abgedämpft werden. Ein solcher neuer Deich würde dem Schutz der Küstenbewohner dienen, aber auch der Gewinnung eines neuen Kooges und damit Weideland. Seine Frau hat Bedenken und warnt ihn vor dem Widerstand der Dorfbewohner gegen das Projekt. Sie erwähnt in diesem Zusammenhang die Sage, dass etwas Lebendiges im Deich eingegraben werden müsse, um ihn haltbar zu machen. Trotz ihrer Ein-

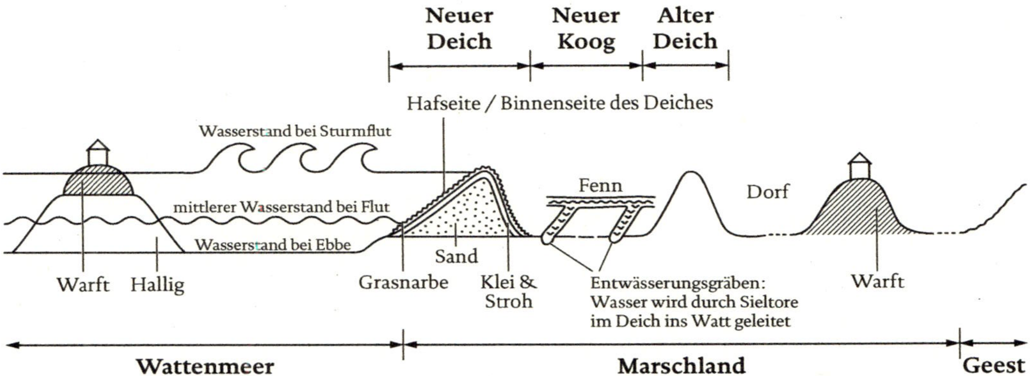

Abb. 1: Profil einer Küstenlandschaft. Aus: Theodor Storm, *Der Schimmelreiter*, hrsg. von Sabine Wolf, Stuttgart 2016, S. 169.

wände stellt Hauke beim Oberdeichgrafen den Antrag, den Bau eines neuen Deiches zu genehmigen. Er wirbt mit diesem Deichbauprojekt um soziale Anerkennung, aber es dient auch der Selbsterhöhung.

Der Schimmel von Jevershallig

An dieser Stelle wendet sich die Erzählung einem anderen Schauplatz und anderen Geschehnissen zu. Auf einer nahe gelegenen kleinen Hallig, Jevershallig, gibt es weder Mensch noch Tier, nur Knochen von Schafen und ein Pferdegerippe liegen dort. Jevershallig ist auch der Ort, an dem der Sohn von Trien' Jans ertrank. Ein Dienstjunge des Deichgrafen namens Carsten und der Knecht Iven Johns beobachten eines Abends Ende März, wie eine lebendige Kreatur dort den Hals reckt und den Kopf senkt (S. 75 f.). Beide sehen einen Schimmel, der dort geht. Am folgenden Abend treffen sie sich wieder, um zu überprüfen, was es mit dieser seltsamen Erscheinung, die ihnen Grauen einflößt, sie aber auch fasziniert, auf sich hat. Carsten fährt mit einem Boot und einer Peitsche auf die Hallig hinaus, um zu sehen, ob das Pferd tatsächlich existiert oder nur ein Spuk ist. Während der Knecht vom Festland aus alles beobachtet und das Pferd die ganze Zeit sieht, findet Carsten lediglich das Pferdegerippe und die Knochen der Schafe vor. Als beide nach Carstens Rückkehr an Land erneut zur Hallig hinüberschauen, sehen sie dort wieder eine Pferdegestalt gehen. Es ist ihnen nicht geheuer.

Einige Zeit später kauft Hauke Haien einem Slowaken ein völlig vernachlässigtes und abgemagertes Pferd ab, einen Schimmel (S. 81). Die braune Hand des

Slowaken gleicht einer Klaue und weiter heißt es im Text, er würde wie ein Teufel hinter Hauke herlachen (S. 84). Hauke füttert und pflegt den Schimmel selbst, so dass eine enge Beziehung zwischen Mensch und Tier entsteht und Pferd und Reiter eine Einheit bilden. Nachdem das Pferdegerippe auf der Hallig verschwunden ist, verbreitet Carsten das Gerücht, dass der Schimmel des Deichgrafen das wieder lebendig gewordene Pferdegerippe von Jevershallig sei: »Es steht in unsrem Stall, da steht's, seit es nicht mehr auf der Hallig ist« (S. 87). Vor dem Schimmelreiter haben die Dorfbewohner eine abergläubische Furcht; er ist ihnen unheimlich. Von nun verbreitet sich die Geschichte vom Teufelspferd und dem Teufelspakt des Hauke Haien. Der Held wird dämonisiert.

■ Teufelspakt

Nachdem der Deichbau vom Oberdeichgrafen in der Stadt bewilligt worden ist, ruft Hauke Haien die Bevollmächtigten ein, um sein Projekt zu erklären. Er erläutert dabei insbesondere die Neukonstruktion, die in einem abgeflachten Profil des Deiches zur Seeseite hin besteht, was gegenüber den alten Deichen den Vorteil habe, dass dieser bei Sturmfluten haltbarer sei und damit auch das Vorland sichere. Er legt auch die Kosten offen, die überschaubar seien, und erläutert, wie das Material für den Deichbau zu beschaffen sei. Hauke erhält keine uneingeschränkte Zustimmung, wird aber von Jewe Manners eindeutig unterstützt, der auch beruhigend auf die Männer einredet (S. 89). Hauke führt aus, was im Einzelnen zu leisten ist, wie das Beschaffen von Sand, Marsch-

■ Der Bau des neuen Deiches

erde, Stroh, das Anfertigen von Sturzkarren und der Bau einer neuen Schleuse zur Entwässerung des Landes.

Auf einer weiteren Versammlung, bei der die Besitzer der hinter dem alten Deich gelegenen Ländereien zusammenkommen, wird die Polarisierung zwischen den Dorfbewohnern und Hauke offenkundig. Aber auch innerhalb der Dorfbewohner gibt es eine Zweiteilung hinsichtlich der Einstellung zum Deichgrafen und dessen Vorhaben: Die Besitzer von Landanteilen hinter dem Deich stimmen für das Projekt; diejenigen, die ihre Ländereien einst verkauft hatten, sind dagegen, da ihnen keine Vorteile durch den neuen Deich entstünden und sie die Unkosten fürchten. Erneut tritt Haukes Gegenspieler Ole Peters auf und verleumdet ihn: Hauke habe schon früh aus Eigennutz die Anteile anderer aufgekauft, um dann den Plan für den Deichbau zu entwickeln. Zwar kann Hauke die Argumente von Ole Peters entkräften, aber die Spaltung zwischen ihm und einem großen Teil der Dorfbewohner ist sichtbar.

Um Pfingsten beginnt die Arbeit am Deichprojekt. Hauke beaufsichtigt die Arbeit und ist hart gegen sich und andere. Die Stimmung ist gegen ihn. Er und sein Pferd werden zunehmend mit dem Bösen in Verbindung gebracht.

Unterdessen hat nach neun Ehejahren seine Frau ein Kind geboren, eine Tochter namens Wienke, und liegt im schweren Kindbettfieber. Hauke bittet Gott um Beistand für seine Frau, zweifelt aber an Gott:

»Ich weiß ja wohl, du kannst nicht allezeit, wie du willst, auch du nicht« (S. 98). Radikale Pietisten (Anhänger des Konventikelwesens) verbreiten daraufhin das Gerücht, dass Hauke die Allmacht Gottes bezweifle und ein Gottesleugner sei. Er sei »von Gott gefallen« und suche »den Feind Gottes, den Freund der Sünde zu seinem Tröster« (S. 101). Elke überlebt das Kindbettfieber, doch die Verleumdungen verbreiten sich in der Dorfgemeinschaft und verstärken das Gerücht vom Teufelspakt. Es wird einsamer um Hauke.

Im Frühjahr beginnen erneut die Deicharbeiten. Der Vertraute von Hauke, Jewe Manners, ist verstorben. Seine Stelle als Deich-Bevollmächtigter geht an Ole Peters. Im Herbst ist die neue Schleuse des Deiches fertig; es bleibt nur noch, die Stelle zu schließen, an der der Priel, ein gefährlicher Wasserlauf im Watt, in den alten Deich und den neuen Koog hinein verläuft. Einer der Männer wirft einen Hund in den Deich, um ihn darin zu begraben. Als Hauke die Männer zur Rede stellt, beruft sich einer auf den Aberglauben, dass etwas Lebendiges an einer schwer schließbaren Stelle im Deich vergraben werden müsse, um ihn haltbar zu machen. Gegen den Widerstand der Männer und die Warnung eines Freundes des alten Manners, alle seien gegen ihn und er möge vorsichtig sein, rettet Hauke den Hund (S. 105 f.). Trotz dieser offenen Feindschaft nehmen die Männer die Arbeit wieder auf.

Das Deichopfer

Nach einigen Wochen besichtigen der Oberdeich-

■ Der »Hauke-Haien-Koog«

graf und einige Kommissare den neuen Deich mit seinem abgeflachten Profil. Hauke Haien erhält viel Lob. Als einer der Arbeiter den neuen Koog »Hauke-Haien-Koog« (S. 110) nennt, ist er sehr stolz. Er betrachtet den Koog als achtes Weltwunder und glaubt an seinen späteren Ruhm. Diese Selbsterhöhung signalisiert nicht zuletzt, dass sich sein Wesen und seine Ziele im Laufe der Jahre verändert haben, und er nicht nur zum Nutzen anderer, sondern auch für sich selbst handelt.

Nach drei Jahren hat sich der neue Deich bewährt, und die Teilnehmer werden zu Eigentümern ihrer Anteile am Vorland. Überall ist Frieden eingekehrt. In der Familie Haien wird erstmals ausgesprochen, dass die Tochter Wienke schwachsinnig ist. Die Eltern kümmern sich liebevoll um das Kind. Elke nimmt Trien' Jans, die früher als Dienstmagd im Hause des alten Deichgrafen Volkerts tätig war und nun aus Altersgründen nicht mehr alleine leben kann, bei sich auf. Die Tochter freundet sich mit ihr an.

■ Der Fall

Nach dem Sommer erzählt Trien' Jans der kleinen Wienke die Geschichte von einem Wasserweib, das in den Fennen gefangen ist und nicht mehr in sein eigentliches Element zurückkehren kann. Hauke Haien weist sie zurecht, nicht solche Märchen zu erzählen. Als er mit seinem Kind auf dem Deich steht, steigen im Nebel wieder die »unheimlichen närrischen Gestalten« (S. 121) aus dem Watt, wie er es schon in seiner Jugend erlebt hatte. Als seine Tochter diese für Seeteufel hält, beruhigt er sie, indem er erklärt, dass es sich in Wahrheit um Vögel handeln würde. Seine

Haltung zeigt, dass der Protagonist für eine aufgeklärte Weltsicht steht und Aberglauben und Spukhaftes ablehnt.

Ende März leidet Hauke Haien am Marschfieber, einer gutartigen Malaria. Noch matt von der Krankheit prüft er nach einem Sturm den Deich und sieht erneut den alten Priel, eine Aushöhlung im alten Deich, sowie Mäusegänge. Er schließt daraus, dass eine Sturmflut wie die von 1655 den neuen Deich gefährden würde und eine Umleitung des Priels und Stärkung des alten Deichs erforderlich seien (S. 123 f.). Er geht in den Dorfkrug, um sich mit den Deich-Bevollmächtigten zu beraten, die jedoch dagegen sind und meinen, mit kleineren Verbesserungen am alten Deich sei der Schaden zu beheben. Gegen deren Widerstand kann sich Hauke, der noch von der Krankheit geschwächt ist, nicht durchsetzen. Er prüft am nächsten Tag noch einmal die undichte Gefahrenstelle, kann jedoch aufgrund veränderter Lichtverhältnisse nicht mehr den bedrohlichen Priel erkennen und nimmt daher den Vorschlag von Ole Peters an. Er belässt es bei Reparaturen, um die Mäusegänge zu schließen. Doch Hauke bleibt unruhig. Er prüft nach Monaten erneut die Deichstelle und erkennt deutlich wieder den alten Priel, der von Nordwesten kommt und eine Bedrohung für den alten Deich darstellt.

Als Trien' Jans, die zu dieser Zeit im Sterben liegt, die Vision von einer drohenden Sturmflut hat, reagiert Hauke erschrocken: »Sind denn die Sterbenden Propheten? – – « (S. 130). Das Gerede von Fliegengeschmeiß, Blut, Raupen und Totenköpfen geht durch die Dörfer. Aus Sicht der Dorfbewohner sind das Zeichen, die Unheil in Nordfriesland verkünden. Hauke Haien wehrt das als abergläubisches Geschwätz ab.

■ Die Sturmflut

Kurz vor Allerheiligen des Jahres 1756 kommt ein Sturm auf. Hauke lässt das Haus sichern und trifft Schutzmaßnahmen am Deich. Wo der alte und neue Deich zusammentreffen, stellt er Leute auf, die aufpassen sollen, dass nichts passiert. Der Sturm wird heftiger. Der Wind springt von Westen nach Nordwesten um. Das erhöht die Gefährlichkeit der Sturmflut, weil Wassermassen sowohl durch den Kanal in die Nordsee als auch zwischen Schottland und Norwegen in die Nordsee gedrückt werden. »Berge von Wasser« (S. 137) türmen sich bedrohlich auf und kommen auf das Land zu. Hauke reitet mit seinem Schimmel kämpferisch in die Warften. Die Menschen flüchten vor der Flut landeinwärts auf die Geest. Er beruhigt sich damit, dass seine Familie in ihrem Haus in Sicherheit sei, und hat die Erwartung und den Stolz, dass der neue Deich sich nun beweisen werde.

■ Die Katastrophe

Als er zum neuen Deich kommt, sieht er, wie die Leute diesen auf Befehl von Ole Peters durchstechen wollen, damit der alte Deich nicht bricht. Er hält sie davon ab. Dann ertönt ein Schrei, der alte Deich sei gebrochen. Die Arbeiter werfen ihm vor, dass das seine Schuld sei. Auch Hauke erkennt, dass es falsch gewesen ist, die Arbeiter vom Durchstechen des neuen Deiches abgehalten und zuvor den alten Deich nicht grundlegend repariert zu haben.

Aber der neue Deich hält. Wie eine »Sündflut« (S. 142) stürzen die Fluten in den alten Koog. Zu spät sieht Hauke Haien den Wagen mit seiner Frau, dem Kind und dem Hund, die auf die Fluten zufahren und darin untergehen. Er gibt daraufhin seinem Schimmel die Sporen und stürzt sich mit dem Ausruf in die Tiefe: »Herr Gott, nimm mich; verschon die andern!« (S. 143). Hauke Haien stirbt in der Sturmflut des Jahres 1756. Hiermit endet die Binnengeschichte.

Fortsetzung der zweiten Rahmenerzählung

Der Schulmeister betont, er habe die Geschichte »nach bestem Wissen« (S. 144) berichtet, aber die Wirtschafterin Antje Vollmers hätte sie bestimmt anders erzählt. Er ergänzt noch, dass nach der Sturmflut das Pferdegerippe auf Jevershallig wieder zu sehen gewesen sei. Die Leichen der Familie Haien seien im Meer verschwunden, daher gebe es auch keine Grabstätte für sie. Aber auch nach 100 Jahren stünde der Hauke-Haien-Deich noch. Dennoch, so die Kritik des Schulmeisters, habe ein so tüchtiger und überlegener Mann wie Hauke Haien keinen Dank erhalten, sondern sei zum Nachtgespenst gemacht worden.

Inzwischen sind die Männer in das Wirtshaus zurückgekehrt. Wie erwartet, gab es einen Deichbruch, wenn auch auf der anderen Seite und nicht hier. Der Deichgraf distanziert sich von dem Schulmeister, indem er ihn als einen Aufklärer bezeichnet. Am anderen Morgen reitet der Reisende auf dem neuen Deich weiter zur Stadt. Damit schließt der innere Erzählrahmen.

3. Figuren

Die Figuren innerhalb einer erzählten Welt lassen sich nach ihrer Funktion und Rolle im Handlungsgeschehen und in der Konfliktlage beschreiben. Sie treten in Beziehungen zueinander, so dass sich bestimmte Figurenanordnungen ergeben, aber stehen auch in einem Verhältnis zum sozialen und landschaftlichen Raum und können aufgrund ihres Handelns, ihrer Verhaltensweisen, ihrer Äußerungen, ihrer Emotionalität und ihrer Kompetenzen nach bestimmten Eigenschaften charakterisiert werden.

■ Hauke Haiens Jugend

Hauke Haien steht im Mittelpunkt der Novelle. Seine Lebensgeschichte wird erzählt. Sie setzt in der Jugendzeit ein, als Hauke 16 Jahre alt ist. Er wächst ohne Mutter bei seinem Vater, dem Kleinbauern Tede Haien, auf. Er wird als jemand beschrieben, der sich von anderen Schul- und Spielkameraden absondert, sich stundenlang am Wattenmeer aufhält und sich für Mathematik und Geometrie interessiert: »So für sich, und am liebsten nur mit Wind und Wasser und mit den Bildern der Einsamkeit verkehrend, wuchs Hauke zu einem langen, hageren Burschen auf« (S. 17). Im Selbststudium erwirbt er Kenntnisse der holländischen Sprache, um Euklid, von dem sich ein Exemplar in holländischer Sprache im Hause befindet, lesen zu können. Früh zeigt er kämpferische Züge, wenn er Meer, Sturm und Dunkelheit trotzt und die Meeresfluten beobachtet, und ist nicht frei von Anmaßung, wenn er sich der Natur zornig entgegenstellt und erklärt, die Deiche »sind nichts wert« (S. 12). Im verbissenen Kampf mit dem Angora-Kater von Trien' Jans lebt er unkontrolliert seine Aggressionen aus und zeigt sich gegenüber Trien' Jans mitleidlos und ohne Verständnis dafür, was er ihr mit dem Erschlagen des Katers genommen hat. Die Tötung des Katers wird zu einer Art Initiation, die die frühe Phase seiner Sozialisation beendet und den Beginn einer nächsten einleitet.

Die Stellung als Kleinknecht

Als Kleinknecht beim Deichgrafen Volkerts übernimmt er vor allem aufgrund seiner mathematischen Kenntnisse dessen Aufgaben und gelangt in eine privilegierte Stellung. Diese Bevorzugung und Überlegenheit von Hauke wie auch die Sympathie, die ihm die Tochter des Deichgrafen entgegenbringt, beobachtet der Oberknecht Ole Peters mit Neid und Eifersucht und wird zum Gegenspieler von Hauke. Nach dem Tod seines Vaters übernimmt Hauke dessen Hof und eine Fenne und steigt zum Kleinbauern auf.

Aufstieg zum Deichgrafen

In ihm wächst der Ehrgeiz, er sei der »rechte Mann« (S. 56) für das Amt des Deichgrafen, und das Misstrauen gegenüber anderen, die ihm das vermeintlich nicht gönnen würden. Diese innere Haltung und Einstellung bringen Hauke in eine Opposition zu anderen Dorfmitgliedern. Mit 24 Jahren verlobt er sich heimlich mit Elke. Nach dem Tod ihres Vaters überträgt sie Hauke ihren Besitz und schafft damit die ökonomischen Voraussetzungen für das Amt des Deichgrafen. Wurde dieses Amt jahrhundertelang durch Vererbung weitergereicht, erwirbt Hauke dieses Amt aufgrund seiner Fähigkeiten und einer inneren Berufung. Damit erhält dieses Amt eine neue Qualität innerhalb der Sozialstruktur. Aber seine Karriere ist auch an seine Frau geknüpft, was später zu der fatalen Stigmatisierung durch Ole Peters führt. Die Spannungen zu den Dorfbewohnern nehmen zu. In Hauke wachsen »neben der Ehrenhaftigkeit und Liebe auch die Ehrsucht und der Hass« (S. 57) heran, und diese unterschiedlichen, einander widerstreitenden Eigenschaften prägen auch seine weitere Entwicklung und werden in späteren Handlungssituationen bedeutsam.

In der dritten Phase seiner Lebensgeschichte amtiert er als Deichgraf. Innerhalb der Familie besteht eine tiefe Zuneigung zu seiner Frau und seinem geistig zurückgebliebenen Kind, um das sich beide fürsorglich kümmern. Zur Außenwelt hat die Familie kaum Kontakte. Seine Isolation wird verstärkt durch die gehässige Verleumdung von Ole Peters, dass er Deichgraf »von seines Weibes wegen« (S. 67) wurde. Diese Kränkung bleibt nicht ohne Folgen für Hauke und hinterlässt Spuren, obwohl er von seiner Frau unterstützt wird und weiß, dass Ole Peters selbst durch Einheirat und Erbschaft sozial aufgestiegen ist und nicht die Kompetenzen für einen Deichgrafen gehabt hätte. Hauke will sich und anderen beweisen, dass er das Amt, das ihm nicht von Geburt an zusteht, verdient.

Der Deichbau

Nach sieben Jahren im Amt wächst der Gedanke an den Bau eines neuen Deiches mit einer neuen Konstruktion. Sein innovatives, groß angelegtes Projekt zur Landgewinnung und zum Schutz der Menschen vor Sturmfluten bringt ihn in ein spannungsreiches Verhältnis zur Dorfgemeinschaft: Nicht alle, aber ein großer Teil der Dorfbewohner setzt diesem Vorhaben, dessen Sinn und Zweck sie nicht einsehen und dessen Kosten sie fürchten, sehr viel Widerstand entgegen. Hauke setzt sich jedoch durch, plant, organisiert und beaufsichtigt die Arbeit mit Härte gegen sich und andere und »fegte mit einem scharfen Besen« (S. 66), wie der Erzähler kommentiert. Am Ende realisiert Hauke sein Großprojekt. Der Stolz über den neuen Deich und die Bezeichnung »Hauke-Haien-Koog« (S. 110), die seinen Ruhm auch nach seinem Tode sichern würde, erfüllen ihn so sehr, dass er in einer Selbstüberhöhung den Deich mit einem achten Weltwunder gleichsetzt. Er ist auf dem Höhepunkt seiner Laufbahn angekommen.

Sein hoher Arbeitseinsatz für das neue Deichbauprojekt nimmt ihn jedoch so sehr in Anspruch, dass er seine Ehefrau vernachlässigt: »auf der Bank [vor dem Haus] sah man abends meist nur die junge Frau, einsam mit einer häuslichen Arbeit in den Händen« (S. 66). Er grenzt sie zunehmend von seinen inneren Konflikten aus, insbesondere bei der Entdeckung der schadhaften Stelle im Deich. Es war »eine Einsamkeit um ihn«, doch »gegen sein Weib blieb er allezeit der Gleiche« (S. 101). Er lässt sich nicht anmerken, was in ihm vorgeht.

Der unheimliche Deichgraf

Mit dem Kauf des Schimmels, der kurz vor der Bewilligung der neuen Eindeichung erfolgt, und der Jevershallig-Episode nimmt die Erzählung einen neuen

Verlauf und verlässt den Erzählpfad einer realistischen Geschichte. Der Held wird in Zusammenhänge gestellt, die von Elementen des Unwirklichen und Unheimlichen bestimmt sind. Die seltsamen Vorgänge auf Jevershallig (zur Interpretation s. Kap. 6, S. 82 ff.), wo je nach Blickpunkt ein totes Gerippe oder ein lebendiges Pferd zu sehen ist, bleiben unerklärlich und wirken nicht geheuer. Als das Pferdegerippe auf Jevershallig verschwunden ist, wird es mit dem Schimmel des Deichgrafen identifiziert. Damit wird das Unheimliche mit dem Helden verknüpft und leitet dessen Sturz ein. Den Dorfbewohnern ist der Deichgraf unheimlich, und sie dämonisieren ihn zu einem Teufelsbündner.

Aberglaube vs. Vernunft

Ein weiteres Konfliktpotenzial zwischen dem Protagonisten und den Dorfbewohnern besteht in ihren gegensätzlichen Weltbildern und Naturauffassungen: Hauke steht für eine aufgeklärte und rationale Weltsicht und lehnt – im Unterschied zu den Dorfbewohnern – Aberglauben, Märchen und Spukhaftes ab. Diese Differenz in der Weltsicht zeigt sich vor allem, als er verhindert, dass ein Hund im Deich eingegraben wird. Er setzt sich über die Ansichten der Deicharbeiter und ihren Glauben hinweg und zeigt kein Verständnis für sie und ihre Weltsicht. Seine Auseinandersetzung mit der Natur ist von Rationalität und Technik als Mittel ihrer Beherrschung bestimmt, nicht von einer abergläubisch-magischen Naturauffassung.

In einem Moment der Schwäche, die durch das

Marschfieber, das nicht nur eine körperliche, sondern auch eine geistige Lähmung mit sich bringt, hervorgerufen wird, trifft Hauke zwei fatale Fehlentscheidungen: Erstens vermag er die undichte Stelle am alten Deich nicht richtig einzuschätzen und meint, diese mit einer Reparatur abdichten zu können, und zweitens hält er die Deicharbeiter bei der einsetzenden Sturmflut davon ab, den neuen Deich zu durchstechen, um den alten Deich zu entlasten und den Koog zu retten. Diese Fehlentscheidungen, die er am Ende erkennt, führen bei der schweren Sturmflut zur Katastrophe, bei der zwar der neue Deich hält, aber der alte bricht. Er weiß, dass er den Durchbruch und damit die Katastrophe hätte verhindern können und sich damit schuldig gemacht hat. Hauke muss mit ansehen, wie seine Frau und Tochter in den Fluten umkommen und stürzt sich selbst mit einem letzten Anflehen Gottes in die Fluten.

■ Schuld des Helden

Hauke Haien ist eine zweideutige Figur wie seine Lebensgeschichte, die von Beginn an von mentalen, sozialen, ideologischen und emotionalen Oppositionen gekennzeichnet ist. Er wird innerhalb des Textes mit positiven Eigenschaften ausgestattet, wie seine Begabung, sein Durchsetzungsvermögen, seine Innovationskraft, seine Zuwendung zu Frau und Kind und schwachen Kreaturen. Er zeigt aber auch Schwächen und Verhaltensweisen, die ihn fragwürdig machen, wie sein herrisches Verhalten gegenüber Deicharbeitern und Gesinde (Mägde, Knechte), seine soziale Abkapselung, sein überhöhter Ehrgeiz und seine anma-

■ Ein Held mit Schwächen

ßende Haltung gegenüber der Natur und den Menschen, denen er seine Verachtung entgegenruft: »Ihr könnt nichts Rechtes« (S. 13). Seine Motive für den Deichbau sind nicht frei von materiellen Interessen, wenn er seinen Besitz zusammenrechnet und das treffliche Weideland und Kornland im neu gewonnen Koog vor Augen hat (S. 69 f.). Aber er wirbt auch um soziale Anerkennung seiner Leistung.

Sein Handlungsraum ist die Natur, mit der er sich rational auseinandersetzt; er entwickelt neue Handlungsstrategien zur Eindämmung ihrer Gewalt. Der anderen Seite der Wirklichkeit, die im Text mit dem Unheimlichen und Unerklärlichen ins Spiel kommt, ist er aufgrund seines aufgeklärten Weltbildes nicht zugänglich.

Doch neben ihren intellektuellen Fähigkeiten ist die Figur Hauke auch durch starke Emotionalität charakterisiert. Seine Emotionen umfassen eine Spannbreite von Gefühlskälte, Aggressionen und Hass auf seine Kontrahenten im Dorf auf der einen Seite und innerer Zuneigung zu seiner Frau und Tochter und Mitleid mit Tieren (Pferd, Hund, Möwe) auf der anderen Seite.

Die Ambivalenz der Figur zeigt sich in ihrer Doppelung von realer Figur und übernatürlichem Deichgespenst – ein Wiedergänger, der vor Gefahren warnt. Hauke verkörpert den neuen Typus des das auf sich selbst setzenden Individuums, in dessen Größe und Schwäche, Aufstieg und Fall das Menschsein verhandelt wird.

Tede Haien, der Vater von Hauke, ist ein Marschbauer mit guten Kenntnissen im Landmessen und Deichwesen. Er zieht seinen Sohn alleine groß und unterstützt anfangs dessen frühen Lerneifer und Wissensdurst. Später möchte er ihn jedoch, weil sein kleiner Hof eine zupackende Hand erfordert, von seinen gelehrten Studien wegbringen, indem er ihn auf harte Arbeit am Deich verpflichtet. Doch gelingt ihm das nicht. Die Beziehung zwischen Vater und Sohn ändert sich mit dem Erschlagen des Angora-Katers von Trien' Jans. Der Vater erkennt die Bedeutung, die der Kater für Trien' Jans hat und zeigt Empathie für sie. Er sieht, dass sein Sohn seinen eigenen Weg gehen muss, fördert dessen Ausbildung und kümmert sich um eine Stelle als Kleinknecht bei dem Deichgrafen. Durch Vermehrung seines Besitzes hinterlässt er seinem Sohn ein Erbe, das seine Chancen auf eine Stellung innerhalb der sozialen Gemeinschaft verbessern soll.

Haukes Vater

Tede Volkerts, der alte Deichgraf, ist den Aufgaben dieser Stellung nicht gewachsen und unfähig, die Deich- und Sielrechnungen selbst durchzuführen. Er wird im Text als schwerfälliger Gemütsmensch mit eingeschränkten intellektuellen Fähigkeiten dargestellt. Aus Sicht von Tede Haien ist er ein Dummkopf, der sein Amt nur aufgrund seines Besitzes, und weil seine Vorväter bereits Deichgrafen waren, erhalten hat (S. 23). Diese Ausgangslage verhilft Hauke Haien zu seiner privilegierten Stellung im Haus, indem er

Die Unfähigkeit des alten Deichgrafen

die Aufgaben übernimmt, die der alte Deichgraf nicht durchführen kann.

Haukes Gegenspieler Ole Peters

Ole Peters ist der Gegenspieler von Hauke. Im Text wird er als tüchtig und fest im Leben stehend, aber nicht sonderlich klug dargestellt (S. 29). Innerhalb der Dorfgemeinschaft ist er sozial integriert. Zugleich ist er offensichtlich eifersüchtig auf die bevorzugte Stellung von Hauke im Hause der Volkerts und auf sein gutes Verhältnis zu Elke, die sich von Hauke angezogen fühlt. Auch ist er Hauke intellektuell weit unterlegen. Als Großknecht schikaniert er Hauke im Hause des Deichgrafen und versucht, ihn von der Teilnahme am Eisboseln auszuschließen. Seine Verleumdung, Hauke sei Deichgraf »von Weibes wegen«, vertieft die Spannung zwischen ihnen, aber auch zwischen Hauke und anderen Dorfbewohnern. Ole Peters ist ehrgeizig; durch eine Erbschaft und seine Heirat mit Vollina, der Tochter eines Deich-Bevollmächtigten, steigt er, der Sohn eines Tagelöhners, sozial auf und wird später sogar selbst Deich-Bevollmächtigter.

Bei dem Deichbauprojekt macht er sich zum Sprecher derjenigen, die Hauke feindlich gesinnt sind. Als es um den Verkauf der Ländereien im neuen Koog geht, denunziert er Hauke bei den anderen Pächtern und unterstellt ihm Eigennutz. Er verdreht dabei die Tatsachen und verdeckt, dass seine eigenen Geldverluste auf seinen Fehlentscheidungen beruhen. Schließlich trifft er sogar eigene widerrechtliche Entscheidungen, indem er befiehlt, den neuen Deich zu durchstoßen, um den alten angesichts der drohenden Sturmflut zu retten.

Unterstützung von Freunden

Jewe Manners ist der Freund von Tede Haien und zugleich Elkes Pate. Er ist ein alter und erfahrener Deich-Bevollmächtigter, der sozial anerkannt ist und sozial integrativ wirkt. Er unterstützt Hauke in seinem Vorhaben, einen neuen Deich zu bauen, und verteidigt ihn gegenüber Einwänden und aggressiven Vorbehalten der anderen Dorfmitglieder. Durch seinen Tod hat Hauke nun keinen Fürsprecher mehr; nur Manners Freund tritt in der Szene der Verdämmung des Hundes vermittelnd auf und warnt Hauke, es sich mit den Deicharbeitern nicht zu verderben: »›Nehmt euch in Acht, Deichgraf!‹ […] ›Ihr habt nicht Freunde unter diesen Leuten‹« (S. 106). Anstelle von Jewe Manners wird Ole Peters Deich-Bevollmächtigter.

Elke – eine treue und loyale Ehefrau

Elke Volkerts, die Tochter des Deichgrafen Volkerts und spätere Ehefrau von Hauke, wird gleich zu Beginn wie Hauke als rechnerisch begabt dargestellt. Diese gemeinsame Eigenschaft bildet auch eine Grundlage ihrer Beziehung. Später, als Haukes Vater schwer krank ist, schafft sie Ordnung in dessen Haus. Ihrem Selbstverständnis nach ist sie einem traditionellen Rollenbild als Frau verhaftet, wie ihre Bemerkung bezüglich ihrer häuslichen Fähigkeiten zeigt: »Das können nur wir Frauen!« (S. 53). In zwei entscheidenden, weichenstellenden Szenen erweist sie sich als handlungsentschlossen und treu. In den Vorgesprächen über einen neuen Deichgrafen bekennt sie sich zu Hauke als seine Verlobte und überträgt ihm den Besitz ihres Hofes. Dadurch ermöglicht sie es Hauke, überhaupt Deichgraf werden zu können. In der Konfrontation mit der Dorfgemeinschaft steht sie beim Deichbauprojekt zu ihrem Mann, auch wenn sie anfangs selbst Bedenken äußert und ihn warnt. Teil ihrer Warnung ist die Geschichte vom vergrabenen Kind, die Hauke jedoch als Aberglauben abtut (S. 72). Ihr Stolz auf ihren Mann zeigt sich in der Szene, in der er sich im Spiegel sieht: »Da steht der Deichgraf!«, sagte sie; »nun sieh ihn an; nur wer ein Amt regieren kann, der hat es!« (S. 68).

Innerhalb des Hauses wirkt sie begütigend auf Knechte und Mägde ein, um den herrischen und schroffen Umgangston ihres Mannes auszugleichen. Sie erweist sich auch als sozial verantwortungsbewusst, wenn sie die alte Dienstmagd Trien' Jans bei sich im Hause aufnimmt. Die Ehe bleibt lange Jahre kinderlos, bis ihre Tochter Wienke geboren wird. Das zumeist tödliche Kindbettfieber überlebt sie. Über die geistige Zurückgebliebenheit der Tochter sieht das Ehepaar lange schweigend hinweg. Beide lieben ihr Kind. Entgegen der Warnung von Hauke, im geschützten, auf einer Warft gelegenen Deichgrafenhaus zu bleiben, nimmt Elke in der Sturmnacht das Kind und fährt in Angst um ihren Mann und in Verkennung der gefährlichen Situation hinaus und ertrinkt in der Sturmflut.

Die eheliche und emotionale Verbindung zu ihrem Mann gibt ihr selbst, aber auch Hauke einen Lebenssinn. Ihre Rolle als Frau ist auf das Haus und innerfamiliäre Strukturen beschränkt, so wie es der Rollenverteilung und Sozialstruktur des 18. Jahrhunderts entspricht. Sie ordnet sich dem Mann unter. Nach innen sichert sie Ordnung, Stabilität und Wärme. Sie ist wie Hauke eine tragische Figur, doch anders als er ist sie nicht in Schuld verstrickt, ihr Scheitern ist unverschuldet, wenn auch mitverursacht durch ihre Fehlentscheidung, in die Sturmnacht hinaus und damit in den Tod zu fahren.

■ Ein traditionelles Rollenbild

Trien' Jans lebt allein mit ihrem Angora-Kater in einer Kate auf dem Deich. Sie steht in direkter Verbindung zu Hauke und der Familie des Deichgrafen Volkerts, bei dem sie über mehrere Generationen als Dienstmagd gearbeitet hat. Da es zu der Zeit keine Altersabsicherung für Knechte und Mägde gab, nimmt Elke sie in ihrem Haus auf und sichert ihr damit den Lebensabend. Trien' Jans entwickelt ein enges Verhältnis zur Tochter Wienke, deren geistige Schwäche sie als eine Strafe Gottes für Hauke betrachtet. Eine Schlüsselszene in der Beziehungskonstellation von Trien' Jans und Hauke Haien ist das Erschlagen ihres Angora-Katers, an dem sie hängt, weil er das Letzte ist, das ihr von ihrem ertrunkenen Sohn übrig geblieben ist, und der Kater ihr soziale Wärme und ein Stück Leben gibt. Trien' Jans ist abergläubisch und verfügt offenbar über hellseherische Fähigkeiten. Auf

■ Die abergläubische Trien' Jans

ihrem Sterbebett hat sie die Vision einer Sturmflut und bittet darum, die anderen zu schonen (S. 129). Hauke reagiert darauf sehr erschrocken. Sie gehört zu den abergläubischen Figuren, die einen Zugang zu einem anderen Wirklichkeitsbereich haben, wie ihre Sage vom Wasserweib zeigt. Sie steht damit in Opposition zur aufgeklärten Weltsicht von Hauke.

Dämonisierung des Helden

Carsten John und Iven Johns. Haukes Dienstjunge Carsten und sein Knecht Iven Johns spielen als Nebenfiguren eine wichtige Rolle. Sie beobachten ein Pferd auf Jevershallig, das sich bei Prüfung aus der Nähe jedoch als Pferdegerippe erweist, aber aus der Ferne wieder zu einem lebendigen Pferd wird. Diese Geschehnisse sind den beiden unheimlich. Als das Pferdegerippe einige Zeit später verschwunden ist, bringt Carsten es mit Haukes Schimmel in Verbindung. Er geht, da ihm der Spuk nicht geheuer ist, fort von Hauke und wird Knecht bei Ole Peters, wo er den Gerüchten und der Verleumdung von Hauke Haien als Teufelsbündner weitere Nahrung gibt.

4. Form und literarische Technik

Erzählrahmen

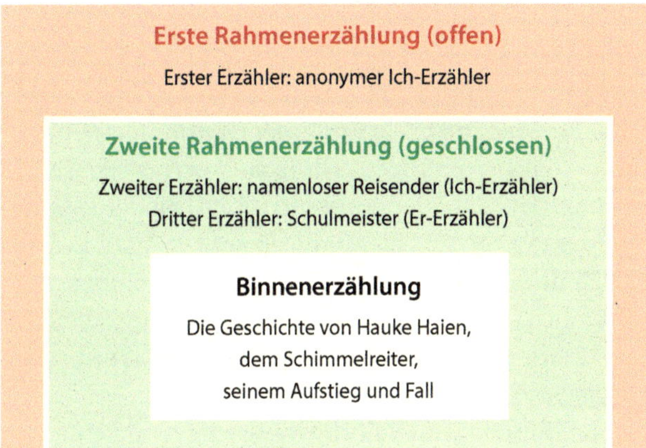

Abb. 2: Aufbau der Novelle

Beim *Schimmelreiter* handelt es sich um eine Novelle mit einem doppelten Erzählrahmen und einer eingebetteten Binnenerzählung. Der Erzählrahmen besteht aus einem äußeren Rahmen, der offen bleibt, und einem inneren Rahmen, der geschlossen wird. Er hat einen komplexen und zeitlich gestaffelten Aufbau und soll im Folgenden nach Erzählsituation (Erzähler, Ort, Zeit, Adressat), Erzählgegenstand, Erzählanlass und Wissensquelle charakterisiert werden.

Der erste Erzähler, der Erzähler des äußeren Rahmens, ist ein anonymer Ich-Erzähler, der sich an eine

Der äußere Rahmen – der erste Erzähler

Geschichte erinnert, die er vor gut fünfzig Jahren in einem Journal bei seiner Urgroßmutter gelesen hat. Der Erzählanlass ist die beeindruckende Lektüre dieser Geschichte, die er nicht mehr vergessen konnte. Ob die Geschichte in den *Leipziger Lesefrüchten* oder in Pappes *Hamburger Lesefrüchten* stand, ist ihm nicht mehr genau in Erinnerung. Erzählgegenstand ist die Szenerie in der Stube der Urgroßmutter, die eine in sich stimmige, behagliche Lektüreatmosphäre suggeriert. Durch die genauen Angaben der Lektüresituation bei der Urgroßmutter wird diese als tatsächlich und wirklich beglaubigt. Näheres erfährt der Leser nicht über diesen Erzähler.

Beim Leser wird Spannung erzeugt, worin denn das Besondere dieser Geschichte liegen mag, dass sie nach fünfzig Jahren noch so präsent ist und einen Erinnerungsvorgang auslöst. Aufgrund der großen zeitlichen Distanz, die zwischen dem ersten Kontakt mit der Geschichte und dem folgenden Erzählprozess liegt, kann der Erzähler allerdings nicht für die »Wahrheit der Tatsachen« (S. 3) bürgen.

Auch wenn in dieser Eröffnung der Novelle biographische Anspielungen enthalten sind, so ist der Ich-Erzähler nicht der Autor Theodor Storm, sondern eine fiktive Erzählerfigur. Storm hatte in seiner Jugendzeit tatsächlich eine Schimmelreitergeschichte gelesen und später vergeblich nach der Quelle gesucht. Sie wurde erst 1949 von Karl Hoppe[1] entdeckt. Es han-

1 Karl Hoppe, *Der gespenstige Reiter. Eine unbekannte Quelle Storms*, in: *Westermanns Monatshefte*, Bd. 5, 1949, S. 45–47.

delt sich um eine Reitergeschichte in Pappes *Lesefrüchten*, der Zeitschrift, die in der Einleitung der Novelle auch erwähnt wird und die wiederum ein Abdruck aus einer Danziger Zeitschrift von 1838 war. Storm hatte zwar eine Urgroßmutter gleichen Namens, aber auch diese darf nicht mit der in der Novelle genannten Urgroßmutter gleichgesetzt werden – nicht zuletzt sprechen biographische Fakten dagegen: Storms Urgroßmutter lebte von 1741–1829 und war somit 1838, dem Jahr der Lektüre der Reitergeschichte durch den Urenkel, bereits verstorben. Das Erzählte ist eine Fiktion und kein biographischer Bericht des Autors. Nimmt man die 1830er Jahre als Zeitpunkt der Lektüre an, dann setzt der Erzähler im äußeren Rahmen nach einem guten halben Jahrhundert, wie es im Text heißt, in den 1880er Jahren mit seiner Erzählung ein. Das Medium des Erzählens ist die schriftliche Aufzeichnung und deren Adressat der Leser.

Der innere Rahmen – der zweite Erzähler

Im inneren Rahmen tritt als zweiter Erzähler ein namenloser Reisender auf:

> »Es war im dritten Jahrzehnt unseres Jahrhunderts, an einem Oktobernachmittag – so begann der damalige Erzähler –, als ich bei starkem Unwetter auf einem nordfriesischen Deich entlangritt. [...]« (S. 3)

Mit dem Hinweis »so begann der damalige Erzähler« meldet sich noch einmal der Ich-Erzähler des äußeren Erzählrahmens zu Worte, bevor er das Erzählen an die Instanz des Reisenden abgibt. Bei diesem zweiten

Erzähler handelt es sich um einen Ich-Erzähler, der von einem besonderen Ereignis, das er selbst in den 1820er Jahren erlebt hat, berichtet. Anlass seines Erzählens ist eine unheimliche Begegnung, die er auf seinem Ritt von Norden zur Stadt im Süden auf einem Deich hatte. Ihm ist, als ob eine Gestalt auf einem Schimmel an ihm vorbeireitet und in einer Wehle, einer Bruchstelle im Deich, verschwindet. Vor dem Sturm flüchtet sich der Reisende in ein Wirtshaus und berichtet dort von seiner ungewöhnlichen Begegnung. Über den fremden Gast wird lediglich mitgeteilt, dass er ein Geschäftsreisender ist, offensichtlich kein Marschbewohner, denn er weiß nicht, dass hier auch Plattdeutsch gesprochen wird und kann auch die Gefahren eines Sturms an der Küste nicht richtig einschätzen. Trotz der Warnung seines Vetters ritt er hinaus, um seinen geschäftlichen Verpflichtungen nachzukommen, sucht dann aber doch Schutz im Wirtshaus. Der innere Rahmen wird geschlossen, als der Reisende – wie am Ende der Novelle berichtet – am nächsten Morgen über den Hauke-Haien-Deich zur Stadt weiterreitet. Da er seinen späteren Bericht von diesem Erlebnis in einem Zeitschriftenjournal veröffentlicht, ist sein Adressat ebenfalls der Leser.

Der dritte Erzähler: der Schulmeister

Als dritter Erzähler tritt ein Schulmeister auf, der die Geschichte vom Schimmelreiter erzählt. Ort des Erzählens ist zunächst die Wirtsstube, später das private Zimmer des Schulmeisters. Adressaten sind der unbekannte Reisende und die anderen Gäste im

Wirtshaus, der zu dieser Zeit amtierende Deichgraf und seine Bevollmächtigten. Erzählanlass ist die Frage des Reisenden nach dem Schimmelreiter und die Aufforderung des Deichgrafen, ihm dessen Geschichte zu erzählen. Über den Schulmeister wird mitgeteilt, dass er wegen einer verfehlten Werbung um eine Frau sein Theologiestudium abbrach und als Schullehrer am Ort blieb. Sozial gescheitert und äußerlich als ein »kleiner, hagerer Mann in einem abgeschabten schwarzen Röcklein« (S. 7), sowie als alt und bucklig beschrieben, besticht er durch seine geistige Präsenz. Er nimmt eine Außenseiterposition ein, ist aber als Erzählautorität anerkannt. Doch wird seine Erzählperspektive durch die Bemerkung des Deichgrafen, dass er »zu den Aufklärern« (S. 144) gehöre, und »nicht so richtig« erzählen würde (S. 8) wie seine Wirtschafterin Antje Vollmers, relativiert. Damit konkurrieren von Beginn an zwei Versionen der Geschichte um die Wahrheit des Erzählten. In Bezug auf die erzählte Geschichte handelt es sich bei dem Schulmeister um einen Er-Erzähler, da er keine Figur innerhalb der Binnengeschichte ist, sondern nur im Erzählrahmen. Er hat auktoriale Züge, d. h. er verfügt über umfassendes Wissen in Bezug auf die erzählte Welt, da er Geschehnisse kommentiert und rafft, Gedanken des Protagonisten in erlebter Rede mitteilt und einen Vorblick auf Künftiges gibt wie der Verweis auf Haukes »blödes Mädchen« (S. 16). Doch seine Auktorialität ist eingeschränkt; er ist nicht allwissend. Bisweilen ist zweifelhaft, woher der Schulmeister sein Wissen hat, da die erzählte Geschichte im 18. Jahrhundert spielt und über einen langen Zeitraum weitergereicht wurde. Er berichtet von Szenen und Vorgängen, die nur jemand kennen kann, der daran teilhatte, etwa von Haukes Wahrnehmung der Seegespenster, von denen er niemals jemandem erzählt haben soll, wie es im Text heißt (S. 16). Deshalb erscheint der Schulmeister als Erzähler nicht zuverlässig. Es ist ungesichert, was tatsächlich geschehen ist.

Binnenerzählung

Die in den Erzählrahmen eingebettete Geschichte vom Schimmelreiter beginnt vor 1750, schildert den Aufstieg und Fall von Hauke Haien und endet mit der Sturmflut von 1756. Zwischen Rahmen- und Binnenerzählungen bestehen vielfältige Bezüge: Bestimmte Elemente und Geschehnisse tauchen sowohl in der inneren Rahmensituation als auch in der Binnenerzählung auf. Dazu gehören der Landschaftsraum mit Wattenmeer, Deichen, Deichbrüchen, Sturmfluten und dem Hauke-Haien-Deich und das Motiv des Unheimlichen, Unwirklichen und Gespenstischen. Der sagenumwobene Reiter taucht allerdings nur im inneren Rahmen auf.

Die Geschichte wird an fünf Stellen unterbrochen und dadurch in sechs Abschnitte untergliedert (vgl. Tabelle S. 46 f.). Bei diesen Einschüben erfolgt ein Wechsel zwischen der erzählten Geschichte um Hauke Haien und der Erzählsituation im Wirtshaus. Im zweiten Teil der Erzählung verringert sich die Anzahl dieser Erzählunterbrechungen; es gibt nur noch einen kleinen Einschub mit dem Hinweis auf das Jahr der Sturmflut – 1756.

1. Erzählunterbrechung: Die erste Unterbrechung (S. 10) erfolgt nach der Charakterisierung von Tede und Hauke Haien und dessen Interesse an dem Studium von Euklid. Der Erzähler erwähnt Hans Mommsen, ein ›nordfriesisches Original‹, der Landwirt war und Kompasse und Fernrohre bauen konnte, und stellt dabei eine Parallele zu Hauke her. Mit seinem Kommentar unterbricht der Schulmeister die Binnengeschichte und suggeriert dem Leser durch den Vergleich mit Hans Mommsen, einer Person, die tatsächlich existiert hat, die Authentizität der Figur Hauke Haien. Der Einschub dient der Beglaubigung des Erzählten.

■ Authentizität der Figur

2. Erzählunterbrechung: Nach der Beschreibung der »Seegespenster« (S. 16), die Hauke im dämmrigen Nebel am Wattenmeer erscheinen, kommentiert der Schulmeister in der zweiten Unterbrechung (S. 16 f.), dass Hauke »weder ein Narr noch ein Dummkopf« (S. 16) sei. Er relativiert damit den Realitätsgehalt dieser seltsamen Erscheinungen und gibt zu bedenken, dass auch Hauke klug genug sei, diese nicht für existent zu halten, sondern für das, was sie in Wirklichkeit sind: Seevögel, die nach Fischen suchen. In diesem Augenblick meinen die Gäste im Wirtshaus wie auch der Reisende, die Vision eines hageren Reiters am Fenster vorbeireiten zu sehen. Erneut taucht in

■ Unheimliche Elemente

der Erzählgegenwart des inneren Erzählrahmens das Element des Gespenstischen und Unwirklichen auf und führt zu der Frage, was wirklich und unwirklich ist (zur näheren Interpretation s. Kapitel 6 S. 68 f.).

3. **Erzählunterbrechung:** Die dritte Unterbrechung (S. 54 ff.) ist die längste. Der Einschub erfolgt, nachdem Haukes Zeit als Kleinknecht beim alten Deichgrafen endet, sein Vater eben erst verstorben ist, und er kurz vor seiner Verlobung mit Elke und seinem Aufstieg zum Deichgrafen steht. Ausgelöst wird die Unterbrechung durch die ins Wirtshaus eintretenden Deichwachen, die von ihrer Begegnung mit dem Schimmelreiter berichten, der sich in den Deichbruch gestürzt habe. Es handelt sich dabei um dieselbe Wehle, in die sich einst Hauke Haien stürzte. Daraufhin gehen der Deichgraf und seine Bevollmächtigten hinaus, um zu prüfen, wo das Unheil, das der Schimmelreiter ankündigt, droht. Sie glauben an die Existenz des Schimmelreiters. Der Schulmeister beruhigt den Gast mit seiner Aussage »glauben Sie mir, ich kenne die Wetter hier am Deich; für uns ist nichts zu fürchten« (S. 55). Erneut bleibt offen, was wirklich und unwirklich ist, was faktische Realität oder Aberglaube ist.

■ Der Schimmelreiter – ein Warnspuk

Es erfolgt ein Ortswechsel, indem der Schulmeister mit dem Reisenden nach oben in seine Stube geht, um dort die Geschichte fortzusetzen. Das verhängte Fenster markiert eine Abgrenzung zum Außenraum und dem Gespenstischen dort, das zuvor am Fenster sichtbar schien, und eine Konzentration auf die Erzählsituation im Inneren.

4. Erzählunterbrechung: Der Erzähler unterbricht seine Erzählung zum vierten Mal (S. 74 f.), nachdem Haukes Antrag auf den Deichneubau auf den Weg gebracht worden ist. Er kommentiert, dass er das bisher Berichtete »aus den Überlieferungen verständiger Leute, oder aus Erzählungen der Enkel und Urenkel solcher zusammengefunden habe« (S. 74). Der Teil, der nun aber folge, »war derzeit und ist auch jetzt noch das Geschwätz des ganzen Marschdorfes, sobald nur um Allerheiligen die Spinnräder an zu schnurren fangen« (S. 75). Neben der Lebensgeschichte von Hauke setzt nun eine zweite Erzählung ein, in der der Schulmeister von der Jevershallig-Episode und Haukes Pferdekauf erzählt. Beide Ereignisse verstärken die Elemente des Phantastischen in der Erzählung, deren Glaubwürdigkeit der Schulmeister mit seinem Kommentar zwar in Frage stellt, aber er klammert das Phantastische und Abergläubische auch nicht aus seiner Erzählung aus.

■ Faktischer Bericht vs. abergläubische Version

5. Erzählunterbrechung: Nachdem die Fehlentscheidung Haukes offenbar wird, den alten Deich nicht grundlegend repariert zu haben, unterbricht der Schulmeister die Erzählung zum fünften Mal (S. 129). Es ist ein Innehalten im Erzählfluss kurz vor der Katastrophe. Mit dem Hinweis auf das Jahr 1756 wird das Berichtete als tatsächlich geschehen beglaubigt.

Mit dem Ende der Geschichte zieht der Schulmeister die Wolldecke wieder vom Fenster fort, hebt damit die Abgrenzung zur realen Außenwelt auf, beendet die Erzählsituation und führt seinen Zuhörer aus der Erzählfiktion in die Gegenwart zurück (S. 145).

Reale Begebenheiten

Inzwischen ist der Deichgraf mit seinen Bevollmächtigten zurückgekommen und berichtet von einem Deichbruch an der anderen Seite. Damit ist das Unheil, das der Schimmelreiter der Sage nach ankündigt, eingetreten, wenn auch an einer anderen Deichstelle, und bestätigt die Existenz der gespenstischen Reitergestalt und ihre unheilverkündende Funktion. Mit dem Weiterritt des Reisenden am nächsten Tag auf dem sicheren Hauke-Haien-Deich wendet sich die Erzählung in die Wirklichkeit zurück.

Verlauf der Binnengeschichte	**Erzählerische Einschübe**
Jugendzeit des Protagonisten	
	1. Erzählunterbrechung: Bezüge zu Hans Mommsen / Euklid (S. 10)
Deiche; Seegespenster	
	2. Erzählunterbrechung: Relativierung des Spuks in der Binnengeschichte, gleichzeitig aber die Vision eines Reitergespenstes am Fenster (S. 16 f.)

Dienst als Kleinknecht beim Deichgrafen, Tod des Vaters	
	3. Erzählunterbrechung: Beglaubigung der Schimmelreiter-Erscheinung und seiner Warnung vor dem Deichbruch; fraglich, was real und phantastisch ist (S. 54 ff.)
Verlobung und Aufstieg zum Deichgrafen; Antrag eines Deichneubaus	
	4. Erzählunterbrechung: Relativierung des Phantastischen und Betonung von Wirklichkeitsnähe (S. 74 f.); faktischer Bericht vs. abergläubische Version
Deichbau und Kauf eines Schimmels	
	5. Erzählunterbrechung: Faktizitätsanspruch (S. 129)
Katastrophe: Sturmflut und Tod	

Die Funktion des Erzählrahmens

Die Überlieferung der Geschehnisse

Der Erzählrahmen hat mehrere Funktionen. Der doppelte Rahmen mit drei Erzählern schafft eine zeitliche Distanz zur eingebetteten Binnenerzählung vom Schimmelreiter. Somit wird auch dem Leser das Erzählte in eine historische Perspektive entrückt, die zudem zeitlich gestuft ist: In der Tiefe der Geschichte von Hauke Haien beginnt die Narration mit dem mündlichen kollektiven Erzählen, das sich aus den verschiedenen Quellen von Sage, Gerücht und Tradiertem speist, so dass offen ist, was tatsächlich geschehen und was erfunden ist. Auf der zweiten Stufe der Überlieferung, d.h. im inneren Erzählrahmen, tritt der Schulmeister als individueller mündlicher Erzähler auf und vermittelt seine Version der Geschichte. Hierbei wird darauf verwiesen, dass durchaus abweichende Versionen dieser Geschichte existieren, etwa diejenige von Antje Vollmers, die allerdings nicht mitgeteilt wird. Den mündlichen Bericht des Schulmeisters wiederum verschriftlicht der fremde Geschäftsreisende und veröffentlicht seine Erzählung in einem Zeitschriftenjournal. Diese hat der Ich-Erzähler des äußeren Rahmens vor »reichlich einem halben Jahrhundert« (S. 3) gelesen und konnte sie nicht vergessen. Aus seiner Erinnerung an das Gelesene verfasst dieser namenlose Ich-Erzähler eine weitere schriftliche Version für den Leser in den 1880er Jahren. Der durch mehrere Instanzen überlieferte Erzählgegenstand, der ihm durch die fiktionale Lektüre zugänglich wurde, erscheint so als ein erinnerter. Durch seinen schriftlichen Bericht möchte der Erzähler die erinnerte Lektüre lebendig machen und bewahren. Durch die Überlieferung der Geschichte über mehrere Erzähler und den Wechsel des Mediums vom Mündlichen zum Schriftlichen, vom Gehörten zum Buchstäblich-Fixierten, von der unmittelbaren Rezeption zum Erinnerten bleibt ungesichert, was wahr oder falsch, erdacht oder tatsächlich geschehen ist. Üblicherweise hat der Erzählrahmen einer Novelle in der Epoche des Realismus die Funktion, die erzählte Fiktion als tatsächlich geschehen zu beglaubigen. In Storms *Schimmelreiter* allerdings kommt ihm eine gegenläufige Funktion zu. So lässt er alles Erzählte als ungesichert erscheinen. Es könnte so, aber auch ganz anders gewesen sein. Welche Bedeutung diese Relativierung des Erzählten in der Novelle hat, wird in Kapitel 6 näher ausgeführt.

Durch das Auftreten mehrerer Erzähler und die lange Überlieferungskette gewinnt zudem die Frage, *wie* erzählt wird, gegenüber der Frage, *was* erzählt wird, an Bedeutung. Es werden vielfache Perspektiven auf die erzählte Welt eröffnet, wodurch letztlich auch das eigene Erzählen, das erst die erzählte Wirklichkeit hervorbringt, zum Thema wird. Zusammengefasst ergeben sich folgende drei Erzählsituationen:

Erzählsituationen	**erste Erzählsituation**	**zweiteErzählsituation**	**dritte Erzählsituation**
Wer erzählt?	anonymer Ich-Erzähler	ein namenloser Reisender (Ich-Erzähler)	Schulmeister (Er-Erzähler)
Wann? Wo?	1880er Jahre unbekannt	1830 er Jahre unbekannt	1820er Jahre Wirtshaus
Was motiviert das Erzählen?	bleibender Eindruck einer Erzählung, die er vor gut fünfzig Jahren in einer Zeitschrift las	außergewöhnliche Begegnung mit einer unheimlichen Reitergestalt im 3. Jahrzehnt des 19. Jahrhunderts	Schimmelreitergespenst
Wovon wird erzählt?	Die erinnerte Lektüre der Geschichte vom Schimmelreiter im Haus der Urgroßmutter	Begegnung mit dem Schimmelreiter und Ereignisse im Wirtshaus in den 1820er Jahren und die mündliche Erzählung des Schulmeisters	Geschichte von Hauke Haien vor und nach 1750

Wem wird erzählt?	Leser	Zeitschriftenleser	Reisendem, Deich-Bevollmächtigtem
Woher stammt das Wissen?	aus einer Zeitschrift	vom Schulmeister und seinem Bericht	aus der mündlichen Überlieferung
Was ist das Medium des Erzählens?	Schriftlichkeit	Schriftlichkeit	Mündlichkeit

Der Schimmelreiter als Novelle

Storms Novellendefinition

Als charakteristisches Merkmal einer Novelle gilt ein zentrales, herausgehobenes Ereignis. Dieses hervorgehobene Ereignis wird dabei als unerhört, neu, außerordentlich, wunderbar oder außergewöhnlich beschrieben. Storm jedoch definiert die Novelle anders: Er sieht das Charakteristische nicht in einem bestimmten Ereignis, sondern in dem sich zuspitzenden Aufbau der Novelle, in der ein Konflikt im Mittelpunkt steht. In einem Brief an seinen Dichterkollegen Gottfried Keller vom 14. August 1881 rückt er die Novelle aufgrund ihres Aufbaus in die Nähe des Dramas: Die »Novelle ist die strengste und geschlossenste Form der Prosadichtung, die Schwester des Dramas«.[2]

2 Theodor Storm, *Sämtliche Werke*, Bd. 4, hrsg. von Peter Goldammer, Berlin/Weimar 1992, S. 634.

Mit dieser Definition distanziert sich Storm von der Novellendiskussion seiner Zeit und wertet die Novelle als Gattung auf. Storms Auffassung von der Novelle als »Schwester des Dramas« war in den 1880er Jahren bereits ein Topos in literarischen Kreisen, wurde der Öffentlichkeit jedoch erst nach 1900 bekannt.

5. Quellen und Kontexte

Für seine Novelle hat Storm auf verschiedene Quellen zurückgegriffen, aus denen er den Erzählstoff und einzelne Motive übernommen hat. Außerdem hat er umfangreiche Recherchen zu Nordfriesland, den Sturmfluten, der Landsicherung und Landgewinnung durch Eindeichung und Deichbautechniken durchgeführt.

Quellen des Sagenstoffes

Die Vorlage zum *Schimmelreiter*

Es gab zwar im nordfriesischen Raum Vorstellungen von einem gespenstischen Pferd, einem Schimmel, der mit Tod und Teufel in Verbindung gebracht wurde, aber sie waren nicht Storms Quelle. Die eigentliche Vorlage zum *Schimmelreiter* bildet die Erzählung *Der gespenstige Reiter. Ein Reiseabentheuer*, die am 14. 4. 1838 im *Danziger Dampfboot*, einer Monatszeitschrift für Literatur, Theater, Welt- und Volksleben, zum ersten Mal abgedruckt war. Storm hatte die Reitergeschichte dann als Jugendlicher in der Sammlung *Lesefrüchte vom Felde der neuesten Literatur des In- und Auslandes* (1838), herausgegeben von Johann Joseph Christian Pappe, gelesen, konnte sich aber später nicht mehr an die Quelle erinnern. Die Quelle wurde erst 1949 von Karl Hoppe[3] wiederentdeckt. Die Reitersage muss sich Storm sehr gut eingeprägt haben;

3 Hoppe (s. Anm. 1).

denn er hat aus ihr die Rahmentechnik, bestimmte Erzählelemente und Motive übernommen. Die Sage spielt im Jahr 1829 an der Weichsel und setzt folgendermaßen ein:

> »Es war in den ersten Tagen des Monates April, im Jahre 1829 – so erzählte mir mein Freund –, als Geschäfte von Wichtigkeit mein persönliches Erscheinen in Marienburg erforderlich machten [...].«[4]

Storm übernimmt die Gestalt des Reiters auf einem weißen Pferd, die an dem reisenden Geschäftsmann in einer Sturmnacht auf dem Deich der Weichsel vorbeireitet und in umgekehrter Richtung wieder zurückkommt. Der Reisende kehrt daraufhin in ein Wirtshaus ein. Wie in Storms Novelle rauscht dort später eine Reitergestalt am Fenster des Wirtshauses vorbei, woraufhin die Männer erschrocken hinausstürmen, weil sie als Zeichen für eine drohende Gefahr gilt. Diese unheimliche und seltsame Reitergestalt wird einem alten Mann zum Anlass, die Geschichte dieses gespenstischen Reiters zu erzählen. Zum Kern der Geschichte gehört ein Deichgraf, der einen Deichbruch bei Sturmflut verursacht und sich zur Sühne und aus Schuldgefühl mit seinem Schimmel in den Deichbruch stürzt. Seitdem taucht er bei drohender Gefahr auf und warnt vor einem neuen möglichen Deichbruch. Den historischen Hinter-

4 Zitiert nach: Hans Wagener, *Erläuterungen und Dokumente. Theodor Storm, »Der Schimmelreiter«*, Stuttgart 2010, S. 68.

grund der Sage bildet die Eindeichung der Weichsel durch den Deutschen Ritterorden im 14. Jahrhundert.

Motive

Der Wiedergänger

Mit dem gespenstischen Schimmelreiter ist das Motiv des Wiedergängers verknüpft, das in Verbindung mit dem Teuflischen steht. Es gehört zu den tradierten Motiven des Volksglaubens. Gründe für das Wiedergehen von Toten, die auch in Storms Novelle zum Tragen kommen, sind eine unerhörte Schuld und die Sorge um andere.

Das Pferdegerippe

Das Motiv des Pferdegerippes auf der Hallig, das der Dienstjunge Carsten später mit dem Schimmel des Deichgrafen in Verbindung bringt, stammt aus Benno Eide Siebs *Vom Schimmel auf Langlütjensand*.[5] Schimmel, Teufel und Tod bilden in Storms Novelle einen Zusammenhang, der um Hauke Haien eine Aura des Dämonischen und Unheimlichen erzeugt.

Das vergrabene Kind

Die Sage *Das vergrabene Kind* aus Karl Müllenhoffs Sagen-, Märchen- und Liedersammlung (1845) liefert das Motiv des Deichopfers. Dieser Sage zufolge muss etwas Lebendiges im Deich vergraben werden, um eine undichte Stelle haltbar zu machen. In Storms Novelle taucht dieses Motiv zweimal auf: Als Elke Hauke

5 Reimer Kay Holander, *Theodor Storm »Der Schimmelreiter« – Dichtung und Wirklichkeit: Kommentar und Dokumentation zur Novelle »Der Schimmelreiter« von Theodor Storm*, Frankfurt a. M. [u. a.] 1976, S. 30.

vor dem Deichbauprojekt warnt, erzählt sie die Geschichte vom Zigeunerkind, das im Deich vergraben wird (S. 72), und beim Deichbau verhindert Hauke die Verdämmung eines Hundes (S. 105).

Quellen der Sturmflut

Reale Sturmfluten

Für die Beschreibung der Sturmflut nutzte Storm eine Chronik von M. Antoni Heimreich[6], die sich auf die Sturmflut von 1655 bezieht. Hieraus hat er die Beschreibung von »Fliegen und Geschmeiß, auch Blut« (S. 131), das wie Regen vom Himmel herabfällt, übernommen. Als weitere Quelle diente ihm eine Chronik von Johannes Laß.[7] Aus der dort beschriebenen Sturmflut vom 7. Oktober 1756 hat Storm mehrere Elemente, die eine dramatisierende Funktion haben, übernommen, wie das Drehen des Windes auf Nordwest und die sich türmenden Wellen (S. 137):

> »So heftig dieser Sturm war, so heftig fing das Wasser an zu steigen. Die Wucht desselben war unbeschreiblich. Es schienen als wann die gethürmten Wellen des mit aller Macht brausenden Wassers auf einmahl Häuser und Keller umstürzen und anfüllen wollten.«[8]

6 M. Antoni Heimreich, *Ernewrete Nordfresische Chronick. Außgegeben anno 1668*, Schleswig ²1668.

7 Johannes Laß, *Sammlung einiger Husumschen Nachrichten*, Zweyter Fortsetzung, 8 Stücke, nebst Register, Flensburg 1750, S. 309 f.

8 Zitiert nach: Karl Ernst Laage, *»Der Schimmelreiter«. Text,*

Allerdings wird das Datum in der Novelle auf Allerheiligen, den 1. November, gelegt und nicht auf den 7. Oktober, dem Tag der realen Sturmflut. Die Zeitangabe ›Allerheiligen‹ taucht mehrfach in der Novelle auf und spielt auf Aberglauben, Unheimliches und Bedrohliches an: Es ist die Zeit, zu der die Spinnräder schnurren, die Nacht voll Geister und Spuk ist, Carsten als Knecht zu Ole Peters geht, weil ihm der Deichgraf nicht ganz geheuer ist, und es ist die Zeit, um die die gefährlichen Äquinoktialstürme toben. Auch der innere Erzählrahmen setzt mit seiner Schilderung der Sturmnacht um Allerheiligen ein.

Vorbilder für die Figuren

Vorbilder für Hauke Haien

Hauke Haien ist eine literarische Fiktion, für deren Konzeption jedoch historische und zeitgenössische Persönlichkeiten, die mit dem Deichwesen in Verbindung standen, als Vorbilder dienten. Dazu gehören:

- Hans Momsen aus Fahretoft (1735–1811), der in der Novelle namentlich erwähnt wird. Er war ein begabter Autodidakt, Mathematiker, Astronom, Navigationslehrer und Deichvogt. Sein Vater war wie Tede Haien Landvermesser und wollte seinem Sohn ebenfalls die Grillen des Studiums austreiben. Eine Beschreibung von Momsen fand Storm in einem

Entstehungsgeschichte, Quellen, Schauplätze, Aufnahme und Kritik, Heide [11]2003, S. 135.

Lesebuch von Claus Harms[9], in dem Hans Momsens Leben beschrieben wird. Zwischen den beiden Texten von Harms und Storm bestehen deutliche, teilweise wörtliche Übereinstimmungen. So wird auch von Momsen gesagt, dass er den Euklid in holländischer Sprache und mit Hilfe einer holländischen Fibel studierte.

- Johann Clausen Rollwagen, ein Generaldeichgraf um 1600, der einen abgeflachten Deichbau einführte, den Sieversflether Koog. Die Darstellung in Storms Novelle, dass ein Deichgraf des 18. Jahrhunderts ein neues und besseres Deichprofil schuf, ist historisch nicht korrekt, hat aber eine dramaturgische Funktion: Sie ermöglicht es, den Konflikt zwischen Protagonist und Dorfbewohnern durch den Wandel in der Sozialstruktur zu motivieren (s. Kapitel 6).
- Jan Clausen Coott, ein Deichmeister um 1600, der unter Rollwagen Deiche baute, und Jean Henri Desmercières, ein Geheimer Commerzrat der dänischen Krone, der 1742 den Sophie-Magdalenen-Koog eindeichte und 1771 den Elisabeth-Sophien-Koog auf Nordstrand. Er verwendete ebenfalls die abgeflachte Deichform.
- Vorbild für die Figur Hauke Haien waren aber auch die zeitgenössischen Persönlichkeiten Hans Iwert Schmidt und sein Sohn Johann Iwersen Schmidt

9 Claus Harms (Hrsg.), *Schleswig-Holsteinischer Gnomon, ein allgemeines Lesebuch insonderheit für die Schuljugend*, Kiel 1843.

auf Lundenberg; sie waren Hofbesitzer und Deichgrafen in der Hattstedter Marsch.

Für den Schulmeister im inneren Erzählrahmen lehnte sich Storm an eine literarische Figur an: In der Erzählung *Sam Wiebe. Ein Lebensbild aus den Marschen* (1854) von dem Schriftsteller Theodor Mügge taucht ein alter Schulmeister namens Sam Wiebe auf, der einem Reisenden auf einem Deich nördlich von Husum begegnet und ihm von der Sturmflut am 3. Februar 1825 erzählt, die er selbst auf einer Hallig miterlebt hat. Auch hier dreht der Wind auf die gefährliche Richtung Nordwesten.

Vorbild des Schulmeisters

Die Darstellung von Trien' Jans ist Lena Kock, einer Magd der Urgroßmutter Storms, Elsabe Feddersen (1741–1829), nachgebildet.

Vorbild für Trien' Jans

Die nordfriesische Küstenlandschaft

Storm hat zu Nordfriesland und dem Deichwesen umfassende Recherchen durchgeführt und regionale Chroniken zur Landschaft und Geschichte Nordfrieslands genutzt wie die von Johann Nicolai Tetens[10] und Theodor Mügge.[11] Ein wichtiger Informant und Berater war dabei der Bauinspektor Christian Eckermann

Verortung der Geschehnisse

10 Johann Nicolai Tetens, *Reisen in die Marschländer an der Nordsee zur Beobachtung des Deichbaus in Briefen*, Bd. 1, Leipzig 1788.

11 Theodor Mügge, *Streifzüge in Schleswig-Holstein und im Norden der Elbe. Erster Theil*, Frankfurt a. M. 1846.

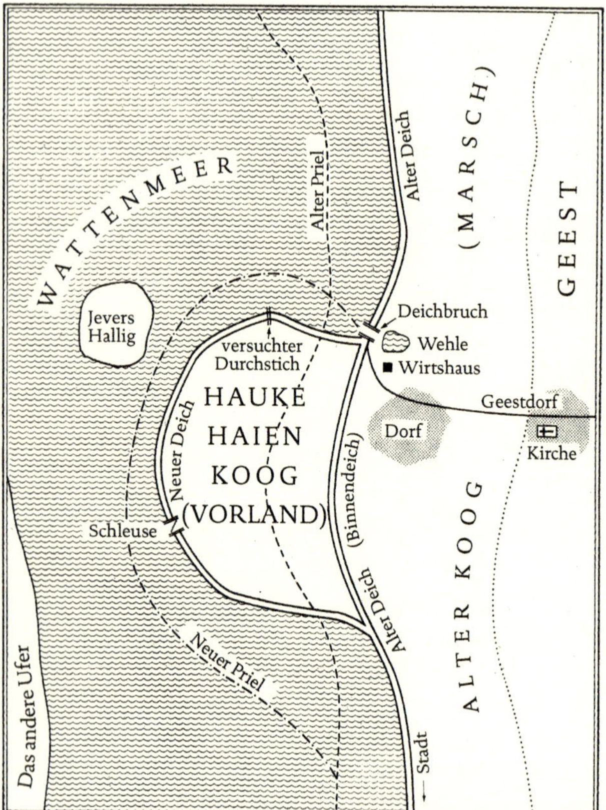

Abb. 3: Der Schauplatz. Übersichtskarte nach den Angaben der Novelle. Aus: Theodor Storm, *Der Schimmelreiter,* hrsg. von Sabine Wolf, Stuttgart 2016, S. 168.

aus Heide. *Der Schimmelreiter* spielt zwar im 18. Jahrhundert und thematisiert die Sturmflut von 1756, aber dennoch skizziert Storm die Landschaft und den Küstenverlauf, wie sie im 17. Jahrhundert vor der Sturmflut von 1632 ausgesehen hat. Die Jevershallig entspricht nach Erkenntnisstand der Quellenforschung der Harmelfshallig gegenüber dem Deich des Hattstedter Kooges.[12] Die Geschichte des Schimmelreiters spielt in der nordfriesischen Landschaft nördlich von Husum in der Hattstedter Marsch. Das Kirchdorf, das in der Novelle erwähnt wird, ist Hattstedt. Das Gasthaus im inneren Rahmen, in das der Reisende einkehrt, ist ein Hof bei Sterdebüll, dessen heutiges Gebäude aus dem 19. Jahrhundert stammt und »Schimmelreiter-Krug« genannt wird. Vorbild für den Hof des Deichgrafen Hauke Haien war wohl der Hof von Johann Iwersen Schmidt auf Lundenberg, aber es gibt auch Hinweise darauf, dass es der Hof von Thoms Jensen, Deichgraf in Groß Ellerbühl, war, der sich an der Stelle befand, an der der neue Koog auf den alten Deich stieß.[13]

12 Theodor Storm, *Sämtliche Werke in vier Bänden*, Bd. 3, *Novellen 1881–1888*, hrsg. von Karl Ernst Laage, Frankfurt a. M. 1988, S. 1078.

13 Gerd Eversberg, *Der echte Schimmelreiter. So (er)fand Storm seinen Hauke Haien*, Heide 2010, S. 108, 112.

Bedeutung der Quellen für die Novelleninterpretation

Quellenforschung

Die Erforschung seiner Quellen gibt Einblick in Storms Arbeitsweise und zeigt, wie umfassend er sich auf das Verfassen der Novelle vorbereitet hat. Doch welchen Stellenwert hat die Rekonstruktion von Quellen und historischen Hintergründen für die Interpretation der Novelle?

Zum einen geht es darum, das Verhältnis von Quellen und Novellentext, von historischer Überlieferung und literarischer Anverwandlung von Stoffen genauer zu untersuchen: Erzählelemente, Motive und Realien erscheinen in Storms Novelle in einem eigenen, neuen Textzusammenhang. Die teils wörtlichen Übernahmen von Textstellen aus anderen Werken setzt die Novelle in ein besonderes Verhältnis zu anderen literarischen, biographischen, zeitgeschichtlichen und dokumentarischen Texten und literarischen Überlieferungen, so dass ein intertextuelles Verweis- und Beziehungsnetz entsteht. Das wortwörtlich Übernommene wird dabei in einen eigenen fiktionalen Zusammenhang und in neue Sinnzusammenhänge integriert.

Abbild der Wirklichkeit

Zum anderen geht es bei der Erforschung von Storms Quellen darum, zu zeigen, wie sich die Novelle in die Epoche des Realismus einfügt. So hat der Realismus den Anspruch, der Wirklichkeit nahezukommen, ohne bloßes Abbild zu sein. Durch die Genauigkeit, mit der Storm ein Bild der nordfriesischen

Kulturlandschaft skizziert, werden der Schauplatz, die Figuren und das soziale Milieu mit einem hohen Realitätsgehalt ausgestattet und das Erzählte in seiner Authentizität beglaubigt. Zugleich jedoch unterläuft der Erzählrahmen mit seinen drei Erzählern diese Beglaubigungsstrategie und stellt die Realität grundlegend in Frage.

6. Interpretationsansätze

Die Novelle ist voller Ambivalenzen und Ungesichertheiten hinsichtlich des Helden und seiner Lebensgeschichte, der Beschaffenheit der erzählten Welt, des Realitätsstatus von Erscheinungen und der Erzählperspektive. Der Text setzt mehrere Erzählstrategien ein, um die erzählte Welt und ihre Vorkommnisse in Frage zu stellen und offenzulassen, was wirklich oder unwirklich ist. Dazu gehören:

- der doppelte Erzählrahmen mit seinen Erzählerperspektiven und erzählerischen Kommentaren;
- auf der Handlungsebene die Spannung zwischen dem Protagonisten und der Dorfbevölkerung;
- der erzählte Raum, seine Strukturierung und Wahrnehmung.

Ambivalenzen in der Novelle

Im Folgenden soll das Ambivalente, d.h. das Mehrdeutige/Zwielichtige, in der Novelle, das klare Grenzziehungen zwischen dem Realen und Irrealen, dem Aufgeklärten und Abergläubischen unterläuft, herausgearbeitet und in plausible Zusammenhänge eingeordnet werden. Dabei werden kulturgeschichtliche Aspekte von Natur, ihren Gewalten und ihrer Deutung, die die Bedeutung des Textes bestimmen und als kulturelles Wissen auch beim Leser aktiviert werden, mit einbezogen.

Erzählrahmen

Bereits im inneren Erzählrahmen führt die Begegnung des Reisenden mit einer unheimlichen Reitergestalt auf dem Deich zu Irritationen. Die Gestalt kommt ihm zunächst entgegen und reitet an ihm vorbei, dann macht sie eine Kehrtwendung, um nun von hinten erneut nah und lautlos an ihm vorbeizureiten und dann in einem Deichbruch, den einst eine Sturmflut verursacht hat, zu verschwinden. Der Bericht des Reisenden beglaubigt diese Erscheinung (»sah ich es«):

Das Unwirkliche

> »Jetzt aber kam auf dem Deiche etwas gegen mich heran; […] und bald, da sie näher kam, sah ich es, sie saß auf einem Pferde, einem hochbeinigen hageren Schimmel« (S. 5).

Aber zugleich bleibt die Existenz der Gestalt im Ungewissen des »mir war, als ob«. Ihre Berührung (»mir war, als streifte mich der fliegende Mantel«) und ihr Verschwinden (»dann war's, als säh ich plötzlich ihren Schatten an der Binnenseite des Deiches hinuntergehen«) bleiben im Modus des Uneindeutigen. Der Reisende ist sich nicht sicher, ob es wirklich so war oder vielleicht nur eine Sinnestäuschung gewesen ist.

Zwielichtige Szenerie

Zu dieser Uneindeutigkeit des Erlebten trägt auch die nächtliche, einsame Szenerie am Deich mit tobendem Wind, stürmischem Meer und Bildern der Dunkelheit bei. Sie macht die Situation und Figur instabil und belässt die Erscheinung des Schimmelreiters in der Ambivalenz von tatsächlich Gesehenem und unentscheidbarem ›Als Ob‹. Das Zwielichtige (»wüste Dämmerung«, S. 4) trägt mit zur Verunsicherung bei, da es die Orientierung im Raum erschwert. Die einsetzende Nachtdämmerung lässt die Hufe nicht mehr erkennen und die »schwarze Wolkenschicht« macht alles »pechfinster« (S. 4). Dazu konnotieren die »brennende[n] Augen aus einem bleichen Antlitz« (S. 5), der flatternde Mantel, der hochbeinige hagere Schimmel und die Lautlosigkeit des Reiters etwas Unwirkliches.

Die Reitergestalt wird einerseits als faktische Erscheinung beglaubigt, andererseits bleibt ihr Realitätsstatus, ob real oder irreal, ungewiss. Unerklärlich ist auch ihr Verschwinden im Deichbruch. Es kann als Anzeichen gesehen werden, dass es sich um ein Wesen handelt, das nicht von dieser Welt ist.

Der gespenstische Reiter

Die Vision des gespenstischen Reiters am Fenster des Wirtshauses (»aber auch mir war es, als hätte ich den hageren Reiter auf seinem Schimmel vorbeisausen gesehen«, S. 17) erzeugt eine weitere Unbestimmtheit. Der Erzähler ist sich nicht sicher, ob er den Reiter gesehen hat, doch die Zeugenschaft der Deichwachen, die von ihrer Begegnung mit dem Schimmelreiter, der sich in den Deichbruch gestürzt habe, berichten, steigert wiederum den Wirklichkeitsstatus des Reiters. Als am Ende der Erzählung des Schulmeisters der Deichgraf zurückkehrt und von dem Deichbruch berichtet, scheint sich die Sage vom Schimmelreiter, der als Wiedergänger bei Gefahr auftaucht und sich an immer derselben Stelle in die Wehle stürzt, zu bestätigen.

Der Schulmeister wiederum, der das Deichgespenst und seine Warnung vor drohendem Unheil für abergläubisches Geschwätz hält, distanziert sich von den Männern und ihrem Bericht. Doch mit seiner Aussage gegenüber dem Reisenden, er könne wohl den »eigenen Augen [...] nicht misstrauen« (S. 145), setzt der Deichgraf die Beweiskraft des Empirischen der Infragestellung von Spuk und Aberglauben durch den Schulmeister entgegen. Die visuelle Wahrnehmung dient also der Beglaubigung des Gespenstes.

■ Zweifel an der Erscheinung

Warum aber begegnet dem Reisenden diese gespenstische Gestalt auf dem Deich? Der Reisende tritt wie der Schulmeister als ein vernünftig und rational denkender Mensch auf und traut sich zu, »die Spreu vom Weizen« (S. 9) zu trennen, als der Schulmeister ihn vor dem Abergläubischen in der Geschichte warnt. Der Reisende wird als neutraler Außenstehender, der von der Sage zuvor nichts wusste, für den Leser zu einer Beglaubigungsinstanz für die Realität der Gespenstererscheinung. Als der fremde Gast bestätigt er durch seine ›reale‹ Begegnung mit dem gespenstischen Reiter ein Weltmodell, das durchlässig für Phänomene ist, die einem anderen Bereich als dem empirisch Gesicherten angehören und nicht rational erklärbar sind.

■ Beglaubigung des Gespenstischen

Am nächsten Morgen ist der Spuk jedoch vorbei und die Sonne scheint über der Verwüstung, die die Sturmflut angerichtet hat. Der Reisende reitet auf dem Hauke-Haien-Deich, der als Zeichen für den Erbauer steht, weiter zur Stadt. Mit diesem versöhnlichen Schlussbild wird das Werk von Hauke als das Bleibende und Überdauernde ins Bild gesetzt im Unterschied zu seiner Erscheinung als unheimliches Deichgespenst in der Sturmnacht zuvor. Die Verwüstung der Sturmflut fand allerdings an einer anderen Stelle statt. Sie betrifft nicht diesen durch moderne Technik erbauten Deich. Das mag als Hinweis für den Erfolg der Technik bei der Eindämmung von Naturgewalt gedeutet werden. Aber auch hier ist die Erzählperspektive der Novelle nicht eindeutig, denn am Ende wird diese Form der Naturaneignung durch das Scheitern des Helden durchaus in Frage gestellt.

Der Schulmeister und sein aufgeklärtes Weltbild

Die Beglaubigung des Deichgespenstes im inneren Erzählrahmen steht im Kontrast zum rationalen Weltmodell des Schulmeisters, der jeglichen Spuk und alles Phantastische ablehnt und für eine aufgeklärte Weltsicht steht. Er distanziert sich explizit in seinen Kommentaren von allem Abergläubischen in der Geschichte und verteidigt seinen Helden Hauke Haien gegen irrationale Verunglimpfungen durch die Dorfbewohner. Vor der Jevershallig-Episode macht er deutlich, dass er die Stigmatisierungen seines Helden als Teufelsbündner und Deichgespenst für »Geschwätz« (S. 75) hält. Am Ende bezeichnet er Hauke als einen »tüchtigen Kerl«, der andere »um Kopfeslänge« (S. 145) überrage, und vergleicht ihn mit Sokrates, dem überragenden Denker, der vergiftet wurde, und Christus, dem gekreuzigten Märtyrer, der sich für die

Menschen opferte. Er hebt Hauke damit zu einem außergewöhnlichen Menschen empor, der Großes geleistet hat und zu Unrecht zu einem Deichgespenst gemacht wurde.

Doch auch die Erzählperspektive des Schulmeisters ist letztlich nicht eindeutig: Trotz seiner Distanzierung von allem Abergläubischen integriert er es in seine Erzählung. Mit seiner Geschichte versucht er die Frage des Reisenden nach dem Schimmelreiter zu beantworten, kann jedoch das Auftauchen des Deichgespenstes in der Erzählgegenwart nicht erklären. Bereits im inneren Erzählrahmen wird somit ein Gegensatz zwischen einer Weltsicht, die dem Unwirklichen und Phantastischen Raum gibt, und einer aufgeklärten Weltsicht, die das Abergläubische und Spukhafte negiert, deutlich. Dieser Gegensatz bestimmt auch das Handlungsgeschehen in der Binnenerzählung.

Rationalität vs. Aberglaube

Festzuhalten bleibt, dass die Lebensgeschichte von Hauke Haien mehrdeutig ist und ihren wahren Kern hinter verschiedenen Erzählversionen einer langen Überlieferungskette versteckt. Dies verdeutlicht der Erzählrahmen mit der Gegenüberstellung des aufgeklärten Schulmeisters und der abergläubischen Antje Vollmers, die eine andere Version der Geschichte hätte erzählen können, aus einer textinternen Perspektive. Keiner weiß, was wirklich geschehen ist und was wahr oder falsch ist.

Spannung zwischen Protagonist und Küstenbevölkerung

- Die Zweideutigkeit des Helden

Der Held ist eine zweideutige Figur. Zwar ist Haukes Weitsicht in Bezug auf Landgewinnung und Küstenschutz, die der Gemeinnützigkeit dienen, positiv konnotiert, doch er hat auch eine Seite, die ihn moralisch und sozial fragwürdig macht. Dazu gehören seine Aggression, mit der er den Kater tötet, sein herrisches Verhalten gegenüber Deicharbeitern und Gesinde (Mägde, Knechte), sein übersteigerter Ehrgeiz, seine durchaus auch egoistischen Motive, mit dem neuen Deich seinen Besitz zu vermehren und sich letztlich mit dem Deich selbst ein Denkmal zu setzen. In seiner Selbstüberhöhung entfernt er sich von seiner eigentlichen Aufgabe als Deichgraf, der Allgemeinheit zu dienen, und stellt sich über andere. Das Verhältnis von Individualität und Sozialität, also zwischen Ich und sozialer Gemeinschaft, ist bei dem Protagonisten nicht ausgewogen.

- Soziale Isolation

Zur Aura des Helden gehört von Beginn an die Absonderung von anderen und die gesuchte Einsamkeit in der Natur, aber er wird auch von anderen ausgegrenzt. Die Spannungen zwischen ihm und der Dorfgemeinschaft entwickeln eine eigene Dynamik, die die Geschichte von Hauke Haien zunehmend ins Negative wendet. Mit dem Deichbauprojekt werden Feindseligkeiten und Vorurteile ihm gegenüber verstärkt bis zu seiner Stigmatisierung als Gottesleugner (S. 101) und Teufelsbündner (S. 87). Sein Lebens- und

Bildungsweg führt nicht zur Aufnahme in die soziale Gemeinschaft, sondern zum Ausschluss und in die Vereinzelung. Das Scheitern des Helden ist damit vorgezeichnet.

Scheitern der Kommunikation

Hauke kapselt sich zunehmend auch von seiner Frau ab und vernachlässigt sie, um sich ganz auf sein Deichprojekt zu konzentrieren. So kommt es, dass Hauke sich im entscheidenden Moment der Schwäche und Fehleinschätzung der schadhaften Stelle im Deich nicht mit seiner Frau bespricht. Er grenzt sie aus seinen inneren Konflikten aus. Schrittweise bricht die Kommunikation nach außen zur Dorfgemeinschaft wie nach innen zur eigenen Familie zusammen. Um den Helden breitet sich Einsamkeit aus. Offensichtlich stehen ihm keine Vermittlungsstrategien zur Verfügung, um den Dialog mit anderen zu führen und sich selbst verständlich zu machen. Diesen Zusammenbruch jeglicher Kommunikation versinnbildlicht das Schlussbild: Hauke ist in der Sturmflut von seiner Familie getrennt, er kann sie nicht mehr erreichen und selbst ihre Worte können wechselseitig nicht mehr gehört werden:

> »Und jetzt – rief sie ein letztes Wort ihm zu? – Die Fragen fuhren durch sein Hirn; sie blieben ohne Antwort: von ihr zu ihm, von ihm zu ihr waren die Worte all verloren« (S. 142 f.).

Um die Figur Hauke Haien besser zu verstehen, sind außer sozialpsychologischen Aspekten noch gesellschaftliche mit einzubeziehen. Hauke wächst in einer ständischen, hierarchisch gegliederten Ordnung auf, in der das Amt des Deichgrafen an den Besitzstand gekoppelt ist. Besitz, Amt und Stand werden von Familie zu Familie vererbt. Doch Inkompetenz und Trägheit des alten Deichgrafen Volkerts zeigen, dass dieses dynastische Prinzip brüchig geworden ist. Die Traditionsfamilie ist bereits geschwächt und trägt Anzeichen dafür, dass sie historisch überholt ist. Tatsächlich unterbricht der soziale Aufstieg von Hauke die Tradition und signalisiert das Ende des alten Ordnungsgefüges. Nicht sein Stand, sondern sein Leistungswille und seine Begabung ermöglichen es ihm, das hohe Amt des Deichgrafen zu erringen.

■ Gesellschaftsstrukturen

Die Hauptfigur verkörpert den Typus des frühbürgerlichen, nach Autonomie strebenden Individuums. Ihr Anspruch auf Selbstbestimmung im Handeln und Denken ist Ausdruck eines historischen Wandels von einer Ständeordnung zu einer frühbürgerlichen Gesellschaft.

■ Typus des frühbürgerlichen Individuums

Zugleich werden auch die Grenzen dieses auf Selbstbestimmung ausgerichteten Typus deutlich. Sein Einzelgängertum, seine soziale Abschottung, Züge von Selbstüberhöhung und Verachtung gegenüber der Natur und den Menschen (»›Ihr könnt nichts Rechtes‹, schrie er in den Lärm hinaus, ›so wie die Menschen auch nichts können!‹«, S. 13) schwächen den Helden. Hinzu kommt, dass sich sein beruflicher Aufstieg doch nicht allein seiner intellektuellen und fachlichen Überlegenheit, sondern auch der Tochter des alten Deichgrafen verdankt. Erst deren Besitzübergabe schafft die Voraussetzung für das Amt des Deichgrafen und gibt den Anlass für die Verleumdung von Ole Peters. Da sein Stand nicht von Geburt aus gefestigt ist, trifft Hauke Haien diese Herabsetzung und er kämpft umso angestrengter um die Wertschätzung der anderen.

Der Konflikt zwischen Deichgraf und Dorfbewohnern resultiert jedoch noch aus einer weiteren Quelle, für deren Verständnis der erzählte Raum und die Verortung des Helden im Raum mit einzubeziehen sind.

Der erzählte Raum

Die Weite der Natur

Der erzählte Raum ist Schauplatz für das Handlungsgeschehen und das Agieren von Figuren, aber auch Erlebnis- und Stimmungsraum. Zum Handlungsraum in Storms *Schimmelreiter* gehört der nordfriesische Landschaftsraum mit seinem Wattenmeer, dem Gezeitenwechsel, den Gefahren durch Sturmfluten, seinen Deichen und Högen. ›Weite‹ und ›Unbegrenztheit‹ kennzeichnen den Raum; in Formulierungen wie »weite, wilde Wasserwüste« (S. 11) werden sie metaphorisch ausgedrückt. Die Weite des Naturraumes lässt den Protagonisten inmitten von Sturm und brausendem Meer, in denen die Natur ihre elementare Gewalt zeigt, als singulär hervortreten:

> »[…] er ritt ein Stück hinaus, aber er blieb allein; nur das Wehen des Sturmes und das Brausen des Mee-

res bis aus unermessener Ferne schlug betäubend an sein Ohr.« (S. 138)

Gliederung des Raumes

Der Raum ist nach innen durch Grenzen untergliedert, die Teilräume schaffen. Die zentrale Grenze in der Novelle ist der Deich. Er markiert die Grenze zwischen Land und Meer, die künstlich zum Schutze von Mensch und Tier und zur Landgewinnung errichtet wurde. Diese Grenze ist allerdings veränderbar, verschiebt sich durch Sturmfluten, die Deiche zerstören und Land zerreißen, durch Priele, die Deiche unterhöhlen, und durch den Bau neuer Deiche.

Der Raum wird mittels Zeigegesten und sprachlicher Ausdrucksmittel, die Standorte, Blickrichtungen und Richtungsverläufe angeben, strukturiert. Die Bezugspunkte dieser Strukturierung sind einerseits der Sprecher/Beobachter und andererseits der Deich als Grenzlinie. Dieser bildet das räumliche Orientierungssystem von links – rechts und oben – unten. Mittels raumdeiktischer Ausdrücke (hier, da, dort), Richtungsangaben (nordwärts, nach Süden, zur Linken) und Bewegungsverben (hinüberfahren und entgegenkommen) wird der Raum gegliedert und erhält Bedeutungen, die über das Konkret-Räumliche hinausweisen, indem, wie noch gezeigt werden wird, zwei Sphären von Wirklichkeit, eine reale und eine irreal-unheimliche, entstehen.

Der Held und sein Raum

Innerhalb dieses Raumes ist der Protagonist der Einzelne, der sich der Natur entgegenstellt und zugleich auf vielfältige Weise mit ihr kommuniziert. Er versucht, die Gesetze des Meeres und der Fluten zu verstehen, um so Erkenntnisse für einen besseren Deichbau zu gewinnen:

> »[...] und sah stundenlang zu, wie die trüben Nordseewellen immer höher an die Grasnarbe des Deiches hinaufschlugen; erst wenn ihm die Füße überspült waren, und der Schaum ihm ins Gesicht spritzte, rückte er ein paar Fuß höher und blieb dann wieder sitzen. Er hörte weder das Klatschen des Wassers noch das Geschrei der Möwen und Strandvögel [...]; er sah auch nicht, wie vor ihm über die weite, wilde Wasserwüste sich die Nacht ausbreitete; was er allein hier sah, war der brandende Saum des Wassers, der, als die Flut stand, mit hartem Schlage immer wieder dieselbe Stelle traf und vor seinen Augen die Grasnarbe des steigenden Deiches auswusch.« (S. 11)
>
> »›Die Wasserseite ist zu steil‹, sagte er; ›wenn es einmal kommt, wie es mehr als einmal schon gekommen ist, so können wir hier auch hinterm Deich ersaufen!‹« (S. 12)

Der Raum wird für Hauke zu einem Wahrnehmungsraum, doch verengt sich sein Blick allein auf die brandenden Fluten und ihr Auswaschen des Deiches. Er hat keinen Sinn für die belebte Natur (Vögel) und für die Schönheit des Naturraumes. Hauke beobachtet die Natur und überlegt, wie er ihre Kraft eindämmen kann. In seiner kämpferischen und herausfordernden

Art verkörpert der Held den sich neu entwickelnden Typus des autonomen, auf sich selbst setzenden Individuums, das sich der Natur mit seinem Wissen entgegenstellt.

■ Rationalität und Religiosität

Seine Erkenntnisse über das Strömungsverhalten und den Wellengang, die sich auf Beobachtung, Experiment (Deichmodell aus Kleierde, S. 14), die imaginäre Zeichnung einer Deichlinie in der Luft (S. 12) und das Studium des Euklid stützen, führen zur Einsicht, dass eine Deichbautechnik mit einer geringen Neigung der Böschung besser geeignet ist, die Gewalt der Meeresfluten zu brechen. Hauke setzt in seiner Auseinandersetzung mit der Natur Technologie und Vernunft ein. Damit gerät er in einen Gegensatz zu anderen Küstenbewohnern, die rückwärtsgewandt denken und deren Verhältnis zur Natur sich auf Religiosität und magische Praktiken, wie der Eindämmung von etwas Lebendigem, stützt. Sie deuten die Natur anders als Hauke. Sie nehmen die Natur als zeichenhaft wahr, indem sie Geschmeiß und Blut, die vom Himmel fallen, als Vorboten des Unheils und Zeichen für das Vergehen des Menschen deuten. Ihr Wissen speist sich aus einem vormodernen, mündlich tradierten Wissen und einem magischen Weltbild und nicht wie bei Hauke aus der gelehrten Tradition, die sich auf das Studium von Buch und Natur stützt.

Verschiedene Naturauffassungen und Wissensformen treffen aufeinander: das buchgestützte und empirisch gesicherte Wissen (Hauke Haien) und ein sich auf ein magisch-religiöses Weltbild stützendes Wissen (die meisten anderen Küstenbewohner). Diese Gegenüberstellung von modernem und traditionellem Umgang mit der Natur wird in Storms Novelle auch durch die zwei Deichtypen verkörpert. Bezeichnenderweise bricht der Deich an der Nahtstelle von altem und neuem Deich und symbolisiert damit die Unverträglichkeit zweier Wissensordnungen und Weltsichten, von Tradition und Moderne. Offenkundig ist es dem Helden nicht gelungen, diese miteinander zu verbinden. Haukes Schwäche besteht darin, sich nicht auf die Glaubensvorstellungen der anderen einstellen und Verständnis für ihre Form der Weltdeutung entwickeln zu können. Er ist nicht in der Lage, durch vermittelnde kommunikative Tätigkeit eine Brücke zwischen ihm und den Küstenbewohnern zu bauen, die ihnen sein Projekt und seine Position verständlich macht.

Die Deutung der Natur

■ Technischer Fortschritt

Die konträren Naturverständnisse in der Novelle spiegeln einen allgemeinen kulturgeschichtlichen Wandel, der sich ab dem 17. Jahrhundert in einem langen Prozess vollzieht:[14] Wurde die Natur zuvor als vollkommene Schöpfung Gottes und der Kampf ge-

14 Manfred Jakubowski-Tiessen, *Vom Umgang mit dem Meer. Sturmfluten und Deichbau als mentale Herausforderung*, in: Ludwig Fischer/Karsten Reise (Hrsg.), *Küstenmentalität und Klimawandel*, München 2011, S. 55–64.

gen die Natur als ein Vergehen, eine Hybris, angesehen, setzt sich nun die neue Auffassung durch, dass die Natur und ihre Gefahren berechenbar sind und die Technik ein Mittel ist, um der Naturgewalt zu widerstehen. Der Mensch steht der Natur nicht länger ohnmächtig und passiv gegenüber, sondern stellt sich selbstbewusst dem Kampf mit der Natur. Mit der Säkularisierung, der Ablösung eines religiösen Weltbildes durch ein weltliches, von menschlicher Vernunft bestimmtes Weltbild, wird das Individuum autonom und seine Einstellung gegenüber der Natur bzw. dem bedrohlichen Meer verändert sich: Technischer Fortschritt, auch beim Deichbau, wird als ein Mittel zur Begrenzung der Naturgewalt angesehen und dient dem Wohl des Menschen. In Storms Novelle schließen die abergläubischen Küstenbewohner noch an die Tradition der älteren magisch-religiösen Naturdeutung an, während der Held ein Vertreter der neuen Naturauffassung ist. Er stellt sich den Naturgewalten entgegen und entwickelt eigene Handlungsstrategien zu ihrer Eindämmung.

In seinem rationalen Weltbild ist Hauke der Aufklärung verpflichtet. Er steht für eine Weltsicht, die sich gegenüber Bereichen abschottet, die nicht den Prinzipien von Vernunft und rationaler Erklärbarkeit folgen. Seltsame Erscheinungen im Wattenmeer sind für ihn Seevögel, die im Watteneis nach Fischen suchen, und das Deichopfer lehnt er als Aberglauben ab.

■ Polarisierung der Figurenwelt

Die Figurenwelt der Novelle teilt sich in aufgeklärte und abergläubische Figuren, die jeweils unterschiedliche Zugänge zur Wirklichkeit haben. Zu den aufgeklärten Figuren gehört außer Hauke seine Frau Elke, deren rechnerische Begabung ihre rationalen Züge hervorhebt. Sie verwahrt sich gegen das Geschwätz über Geschmeiß und Blut ihrer Magd Ann' Grethe (S. 131 f.). Auch Tede Haien distanziert sich vom Aberglauben, wenn er dem jungen Weib, das die herumtreibenden Leichen für Seeteufel hält (S. 14), nüchtern antwortet, dass sie sich lange im Wasser befunden hätten und entsprechend aufgedunsen seien. Iven Johns, dem die Vorgänge auf der Jevershallig zwar nicht ganz geheuer sind, lehnt es dennoch als »Altemweiberglauben« (S. 87) ab, dass Carsten das Pferdegerippe auf der Insel mit dem Schimmel des Deichgrafen gleichsetzt.

Unter den abergläubischen Dorfbewohnern sticht Trien' Jans hervor. Sie wird wiederholt in eine Beziehung zu Hauke gebracht, beginnend mit der Tötung ihres Angora-Katers und der Verfluchung Haukes: »›Du sollst verflucht sein! Du hast ihn totgeschlagen, du nichtsnutziger Strandläufer […]‹« (S. 19). Ihre visionäre Kraft zeigt sich in ihrer Todesstunde, in der sie eine Sturmflut vorhersagt und damit Hauke in Schrecken versetzt. Ihre letzten Worte, Gott sei den andern gnädig (S. 129), gleichen Haukes letztem Anflehen von Gott in der Sturmflut: »verschon die andern!« (S. 143).

Die Sage vom Wasserweib

Trien' Jans erzählt Haukes Tochter Wienke die Sage von dem Wasserweib (S. 119), das nach Schließung der Schleusen nicht mehr in sein Element zurückkehren kann und hilflos mit flehend erhobenen Armen in den Gräben hin und her schwimmt. Sie ist ein Wesen, das nicht beten und nicht selig werden kann. Es ist das Schreckensbild eines gefangenen und angstbesetzten Naturwesens, das zugleich in seinem silbernen und diamantenen Glänzen zu einer schönen Gestalt ästhetisiert wird. Hauke lehnt die Sage als »Mär« ab.

Die Sage vom Wasserweib ist mehrdeutig. Das Wasserweib kann als Sinnbild für Hauke[15] gedeutet werden: Auch er ist jemand, der nicht beten kann, den Bezug zu einer Gottheit verloren hat und nach seinem Tod als ein Unerlöster, ein Wiedergänger, erscheint. Aber sie kann auch als Bild der ›gefesselten Natur‹, d. h. einer von technischer Rationalität gefangenen und beherrschten Natur aufgefasst werden[16].

Die Strukturierung des Raumes in der Novelle dient dazu, die Gegensätze auf der Handlungsebene, in der Figurenwelt, in den Natur- und Weltbildern räumlich zu veranschaulichen. Der Raum erhält eine metaphorische Bedeutung[17], indem räumliche Beziehungen und Grenzziehungen benutzt werden, um Nicht-Räumliches zu vermitteln. Dazu gehört die

15 Christian Demandt, *Religion und Religionskritik bei Theodor Storm*, Berlin 2010, S. 240.

16 Irmgard Roebling, *»Von Menschentragik und wildem Naturgeheimnis.« Die Thematisierung von Natur und Weiblichkeit in »Der Schimmelreiter«*, in: Gerd Eversberg [u. a.] (Hrsg.), *Stormlektüren. Festschrift für Karl Ernst Laage zum 80. Geburtstag*, Würzburg 2000, S. 183–214; hier: S. 187 f., 204.

17 Hans Krah, *Räume, Grenzen, Grenzüberschreitungen. Einführende Überlegungen*, in: Kodikas/Code, *Ars Semeiotica*, Bd. 22, 1999, H. 1–2, S. 3–12.

Zuordnung von Tod zum Meer, von Unheimlichem zum Wattenmeer und die Bestimmung des Deiches als Grenze zwischen Leben und Tod, Kultur und Wildnis. Der Deich erhält in Storms Novelle über seine Funktion als Küstenlinie zum Schutz von Menschen und zur Landsicherung hinaus eine kulturelle Bedeutung, die tief in die Geschichte zurückführt.

Die symbolische Bedeutung des Deiches

Die vielen Textstellen, die auf die Verbindung von Tod und Meer hinweisen, wie das Ertrinken des Sohnes von Trien' Jans, die angetriebenen Leichen, weiße Kronen auf dem Meer (»weiß« steht für Tod), und die Metaphorisierung des Meeres und seiner Fluten als wild und »Raubgetiers der Wildnis« (S. 137) schließen an diesen kulturellen Kontext an und aktivieren auch beim Leser ein solches Wissen, das wiederum den Hintergrund für die Wahrnehmung und Deutung von Geschehnissen bildet.

Das Scheitern des Helden

Der Deichbau gehört seit dem 11. Jahrhundert zu den Sicherheits- und Abwehrsystemen des Menschen gegen Gefahren, die vom Meer drohen, und gegen die Angst vor der Unberechenbarkeit der Natur. Dieses Sicherheitssystem wird in der Novelle beschädigt, doch der Held erkennt das nicht. Auf dem Höhepunkt seiner Macht angelangt, leitet eine krankheitsbedingte körperliche und mentale Schwäche des Helden, die zu Fehlentscheidungen und Schuld führt, seinen Sturz ein. Er, der weitsichtige Planer, wird so vom Sonnenlicht geblendet, dass er den gefährlichen Verlauf des Priels nur schwach erkennt (S. 127) und daher keine drohende Gefahr für den Deich sieht. Er, der Erbauer des Deiches, verschuldet den Deichbruch. Aber trotz seiner Blendung bleibt sein Deich am Ende als Abwehrsystem bestehen und bricht der alte. Die moderne Technik hat sich bewährt, nicht aber die Nahtstelle zum Alten und nicht das Individuum, das in dem Moment scheitert, als es nicht auf sich selbst setzt, sondern auf andere.

Jevershallig: der Ort des Unheimlichen

In der Mitte der Erzählung findet eine folgenreiche Verknüpfung der bisher dargestellten Lebensgeschichte von Hauke Haien mit dem Motiv des Teufelspaktes und des Unheimlichen statt, die den weiteren Handlungsverlauf bestimmt und den Helden am Ende zu einer gespenstischen Erscheinung macht. Der Schulmeister markiert diese Stelle durch den Hinweis, dass das nun zu Berichtende das Geschwätz des ganzen Marschdorfes sei, »sobald nur um Allerheiligen die Spinnräder an zu schnurren fangen« (S. 75). Er distanziert sich von den folgenden Geschehnissen, bezweifelt deren Wahrheitsgehalt und rückt sie in die Nähe von Spuk-/Märchenhaftem und Phantastischem. Gleichwohl integriert er als verantwortlicher Erzähler das Abergläubische und Phantastische in seine Erzählung.

Das Pferd von Jevershallig

Eines Abends im März starren Iven Johns, der Knecht von Hauke, und ein Tagelöhner aus dem Hause Tede Haiens vom Deich aus »unbeweglich nach der im trüben Monddust kaum erkennbaren Hallig« hinüber (S. 75). Sie beobachten dort etwas Unheimliches. Mittels deiktischer Ausdrücke findet eine räumliche Gliederung in Diesseits und Drüben, Hier und Dort statt. Jevershallig ist der Ort, an dem der Sohn von Trien' Jans ertrank, von dort kommen der gefährliche Priel (S. 128) und die Nordwestwinde, die zur vernichtenden Sturmflut führen, und von dort kommt das Unheimliche. Jevershallig wird zu einem Raum der anderen Seite semantisiert. Als der Dienstjunge Carsten hinzukommt, sehen sie eine lebendige Kreatur auf der Hallig:

»Der Knecht hob den Arm und wies stumm nach der Hallig. ›Oha!‹, flüsterte der Junge; ›da geht ein Pferd – ein Schimmel – das muss der Teufel reiten – wie kommt ein Pferd nach Jevershallig?‹
– ›Weiß nicht, Carsten; wenn's nur ein richtiges Pferd ist!‹« (S. 76)

Die Wahrnehmungsperspektive ist an die beiden Figuren gebunden, die Seltsames beobachten und denen zweifelhaft ist, ob es sich um Spuk oder ein wirkliches Pferd handelt. Unter erzählerischem Gesichtspunkt liegt ein figurengebundenes Sehen vor, das in der modernen Erzähltheorie als ›interne Fokalisierung‹ bezeichnet wird[18]. Es gibt Einblick in die inneren Vorgänge von Figuren. Da der Schimmel Carsten

18 Swantje Ehlers, *Literaturdidaktik. Eine Einführung*, Stuttgart 2016, S. 80 f.

nicht ganz geheuer ist, bringt er ihn mit dem Teufel in Verbindung.

Am nächsten Abend will der Junge prüfen, was es mit dem Pferd auf sich hat, und fährt furchtlos, mit einer Peitsche bewaffnet, »hinüber« in den Raum des Nicht-Geheuerlichen. Iven Johns beobachtet vom Deich aus den Jungen und sieht den Schimmel deutlich:

> »Mehrere hundert Schritte nordwärts sah er, was sie für einen Schimmel angesehen hatten; und jetzt! – ja, die Gestalt des Jungen kam gerade darauf zugegangen. Nun hob es den Kopf, als ob es stutzte; und der Junge – es war deutlich jetzt zu hören – klatschte mit der Peitsche.« (S. 79)

Gleichzeitig aber findet Carsten auf der Hallig nichts als Knochen von Schafen und ein Pferdegerippe vor. Er geht jedoch davon aus, dass neben dem Pferdegerippe auch noch ein lebendes Tier existiert; denn er fragt sich, wo sich der Gaul wohl verstecke. Als er zurück an das Festland gekehrt ist, sehen beide wieder deutlich das Pferd auf der anderen Seite gehen: »›Dort, siehst du etwas, Carsten?‹ – ›Wahrhaftig, da geht's ja wieder!‹« (S. 80). Je nach Blickpunkt und Entfernung erscheint derselbe Gegenstand als Gerippe oder als Pferd, wandelt sich das Tote in Lebendiges und umgekehrt Lebendiges in Totes. Keine Figur sieht totes Gerippe und lebendiges Pferd gleichzeitig, und gemeinsam sehen sie nur aus der Ferne das lebendige Pferd.

Mit dem Standort des Betrachters und seiner räumlichen Entfernung vom Gegenstand ändert sich das, was er sieht. Aus der Nähe erscheint der Gegenstand wirklich, aus der Ferne gespensterhaft und unwirklich. Die Wahrnehmung bildet keine verlässliche Basis für das Sehen und Erkennen dessen, was in der Welt ist.

Carsten und Iven Johns erleben die beobachteten Vorgänge auf der Hallig als unheimlich und nicht geheuerlich. Das Unheimliche resultiert aus dem Unerklärlichen und ruft eine ambivalente Reaktion von Anziehung und Abwehr, von Angst und Lust an der Angst hervor. Eine Reaktion von Grauen und Entsetzen zeigt Carsten, als er erfährt, dass das Pferd aus der Perspektive von Iven Johns die ganze Zeit da war: »Der Junge starrte ihn an; ein Entsetzen lag plötzlich auf seinem sonst so kecken Angesicht […]« (S. 80). Die Faszination am Unheimlichen lässt die Figuren am Deich verharren: »[…] aber die Begier, Unheimliches zu schauen, hielt ihn noch fest« (S. 76). Das Unheimliche fasziniert und zugleich geht eine bedrohliche Wirkung von ihm aus, die aus dem Nicht-Verstehen und Nicht-Erkennen von Zusammenhängen herrührt, was Iven Johns auf den Punkt bringt:

Das Unheimliche als Erlebnisqualität

> »›[…] von hier aus geht's wie lebig, und drüben liegen nur die Knochen – das ist mehr, als du und ich begreifen können. Schweig aber still davon, man darf dergleichen nicht verreden!‹« (S. 80)

Das Wahrgenommene erschüttert das bisherige Verständnis von Wirklichkeit und deren Gesetzen, nach denen Totes nicht wieder lebendig wird und ein und derselbe Gegenstand nicht zugleich tot und lebendig sein kann. Diese Szene ist von großer Bedeutung, denn sie thematisiert in der Novelle die Fraglichkeit dessen, was dem Auge sichtbar wird und was als Wirklichkeit erscheint. Ebenso wird verdeutlicht, dass dasjenige, was wir sehen, abhängig ist vom jeweiligen Standort. Jevershallig wird zum Ort des Unheimlichen, der eine andere ›mögliche‹ Welt aufscheinen lässt, deren Vorkommnisse sich der rationalen Deutbarkeit entziehen und mit einer empirisch gesicherten Wirklichkeit nicht verträglich sind.

■ Sehen und Erzählen

Doch wird auf der Ebene des Erzählens noch eine weitere Instabilisierung dessen, was in der Welt ist und was uns durch das Auge zugänglich ist, erzeugt. Als Iven Johns und Carsten sich trennen wollen, heißt es im Text:

> »Drüben aber war es, als hebe, was dorten ging, den Hals, und recke gegen das Festland hin den Kopf. Sie sahen es nicht mehr; sie gingen schon den Deich hinab, und bis zur Stelle, wo das Boot gelegen war.« (S. 79)

Die beiden Männer können diese Erscheinung auf der Hallig nicht mehr sehen, da sie sich schon abgewandt haben. Wer aber sieht die mit Hals und Kopf angedeutete Erscheinung eines Pferdes? Wem ist, als ob diese den Hals hebe und gen Festland recke? Es handelt sich um einen Satz, der einen Wahrnehmungsvorgang beschreibt, der jedoch innerhalb der erzählten Welt nicht an eine Figur gebunden ist. Es liegt kein figurengebundenes Sehen vor, dennoch entsteht der Eindruck, als ob jemand das beobachtet, indem in der Schwebe gelassen wird, ob das Beobachtete wirklich ist oder nicht (»war es, als hebe«). Es ist nicht klar, wer sieht und wer spricht/erzählt.

Erzählen und Glauben

Bindet man die Aussage an den Erzähler, den Schulmeister, der für Aufklärung und Rationalität steht und sich dezidiert vom Aberglauben seiner Zeit distanziert, dann steht diese Vision von einem Pferd und dessen zweifelhafte Existenz im Widerspruch zu seinem Weltbild. Entsprechend seiner Weltsicht und kraft seiner Erzählautorität könnte er das lebendige Pferd auf Jevershallig als irrealen Spuk kennzeichnen. Aber das macht der Erzähler nicht, vielmehr verschiebt er die Erzählperspektive in den Raum des Spukhaften und Unheimlichen und lässt offen, was ist (»als hebe«). Der Erzähler lässt den Blickpunkt in die erzählte Welt gleiten, um unabhängig von Figuren, ihrer Wahrnehmung und ihrem Erleben die Welt und ihre Vorkommnisse als ambivalent und uneindeutig erscheinen zu lassen. Der Realitätsstatus des gespenstischen Pferdes wird in das ›als ob‹ verschoben, in eine uneigentliche, unwirkliche Existenz. Es wird ein figurengebundenes, subjektives Sehen simuliert mit dem Effekt, dass der Gegenstand des Sehens ungesichert ist und der Leser in diese Perspektive hineingezogen wird, um so auch für ihn das Unheimliche und Unwirkliche erfahrbar zu machen. Der Leser erhält so den Eindruck, dass nichts gesichert ist und er niemandem glauben kann.

Die Erzählperspektive und Position des Schulmeisters, der von Beginn an als aufgeklärt und vernunftbestimmt auftritt und dessen Perspektive die Geschichte von Hauke Haien bestimmt, erweist sich somit letztlich als nicht eindeutig. Er gibt den Blick frei auf Phänomene, die sich dem vernunftgemäßen Denken und der Deutbarkeit entziehen. Beide Sphären von Aufgeklärtem und Phantastisch-Unheimlichem erlangen somit sowohl auf der Ebene des Erzählens als auch des Erzählten eine Geltung.

Die Dämonisierung des Helden

Als das Pferdegerippe auf Jevershallig verschwunden ist, wird es mit dem Schimmel des Deichgrafen in Verbindung gebracht. Aus der realen Figur Hauke Haien wird nun der Schimmelreiter, eine Gestalt, die im Pakt mit dem Bösen steht und von der Unheil ausgeht. Mit dieser Dämonisierung versuchen die Dorfbewohner, sich das Unheimliche erklärbar zu machen. Sie grenzen aus ihrem sozialen Zusammenhang aus, was mit ihrem Weltverständnis nicht verträglich ist und ihnen daher als unheimlich, fremd und angstauslösend entgegentritt. Sie machen sich dergestalt Phänomene des Anderen und Nicht-Erklärbaren verständlich.

Mit der Verknüpfung des verschwundenen Pferdegerippes auf Jevershallig und dem Schimmel des Deichgrafen auf der Handlungsebene dringt auch das

Unheimliche von Drüben in den diesseitigen Bereich der Realität. Die räumliche Opposition von Drüben, als dem Ort des Unheimlichen, und diesseitigem Ufer verschwimmt in ihrer Grenzziehung. Aber der Held nimmt das nicht wahr, so wie er auch den eingegangenen Teufelspakt beim Schimmelkauf nicht bemerkt, obwohl mehrere Anzeichen darauf hinweisen: die braune Hand des Slowaken, »die fast wie eine Klaue aussah« (S. 84), und sein teuflisches Lachen.

Auflösung des Unnatürlichen

Auch wenn manche Naturphänomene in dieser Novelle auf natürliche Ursachen rückführbar sind, wie das herabfallende Blut, das mit einer Färbung des Regens durch rötlichen Bodenstaub und rote Algen zusammenhängen könnte[19], so verträgt sich die Novelle dennoch nicht mit rationalistischen Erklärungen, die Spukhaftes und Unheimliches auf Natürliches zurückführen, wie bei Segeberg[20], der das Verschwinden des Pferdegerippes mit einer Flutwelle erklärt, die die Knochen auf der Hallig ins Meer zurückschwemmt, oder Weinreich[21], für den das gehende Pferd auf Jevershallig eine Täuschung ist, die aus Licht- und Luftverhältnissen resultiert. Das Erzählverfahren zielt vielmehr darauf, die erzählte Welt als grundlegend zweideutig erscheinen zu lassen.

19 Wagener (s. Anm. 4), S. 39.
20 Harro Segeberg, *Literarische Technik-Bilder. Studien zum Verhältnis von Technik- und Literaturgeschichte im 19. und frühen 20. Jahrhundert*, Tübingen 1987, S. 95.
21 Gerd Weinreich, *Theodor Storm »Der Schimmelreiter«*, Frankfurt a. M. 1997, S. 66.

Katastrophe und Sturz des Helden

Natur-
gewalten

Naturkatastrophen und ihre zerstörerische Gewalt gehören zu den existenziellen Erfahrungen des Menschen in der Begegnung mit Naturelementen. Sie haben sich tief in das kulturelle Gedächtnis eingeschrieben und werden in Mythen (Odysseus, Atlantis), Bildern (ikonographische Darstellungen der Sintflut) und Meeresepen (*Moby Dick*) erzählt und überliefert. Zum Diskurs über die Natur gehört auch die Angst vor den Naturgewalten, die der Mensch durch Technik (hier: Deichbautechnik) als Schutzmaßnahme zu bewältigen versucht oder durch symbolische Formen wie die Religion.

Kultur- und religionsgeschichtlich betrachtet, werden Naturkatastrophen mit ihren zerstörerischen Kräften bis zur Frühen Neuzeit, also bis etwa Mitte des 14. Jahrhunderts, als Strafe Gottes für eine Schuld, die Menschen auf sich geladen haben, gedeutet.[22] Der richtende Gott nutzt die Gewalt des Wassers, um Menschen zu bestrafen. Die Novelle – so die These – aktualisiert diesen Hintergrund und unterlegt der Sturmflut und dem Untergang des Helden das Schema von Schuld und Strafe.

Vorzei-
chen der
Katastrophe

Mehrere Anzeichen im Text deuten den katastrophalen Untergang des Helden an. Bereits eine frühe Szene zwischen dem Vater und Hauke gleicht einer Vorankündigung seines Todes in den Fluten:

22 Gernot Böhme / Hartmut Böhme, *Feuer, Wasser, Erde, Luft. Eine Kulturgeschichte der Elemente*, München 1996, S. 30.

»›Hörst du mich nicht? Ich sag, du hättst versaufen können.‹ ›Ja‹, sagte Hauke; ›ich bin doch nicht versoffen!‹« (S. 12)

In ihrer Todesstunde hat Trien' Jans die Vision einer Sturmflut, und Elke sieht in ihrem Fieber drohendes Wasser, das ihren Mann gefährdet. Naturphänomene werden von den Küstenbewohnern als unheilvolle Zeichen gedeutet. Herabfallendes Geschmeiß und Blut und Totenköpfe im Waschbecken des Pastors kündigen Unheil an (S. 130 f.). Diese Ahnungen und Vorankündigungen treffen in der Novelle tatsächlich ein und bezeugen so ihre eigene Wahrheit. Mit Jevershallig, als dem Raum der anderen Seite, wird das Unheimliche mit dem Helden verbunden und übt eine zerstörerische Funktion aus. Die Schwächung des Helden und seine fatale Fehlentscheidung bezüglich des Deichschadens beschleunigen seinen Absturz (siehe weiter oben S. 29 und S. 81).

Der Beginn der Katastrophe wird zeitlich durch »Allerheiligen« markiert: »Es war vor Allerheiligen, im Oktober« (S. 132). »Allerheiligen« kommt innerhalb des Textes die Bedeutung eines Zeit-Zeichens zu, das auf die gefährlichen Nordweststürme, aber auch die Berührung zweier Bereiche, dem Wirklichen und dem Unwirklichen, verweist. Es ist die Zeit, in der die Toten in die Sphäre der Lebenden eindringen. Als der Wind auf Nordwest dreht, jagt der Deichgraf in die Nacht, umgeben von Sturmgeheul und vom Tosen des Meeres. Während das Sehen eingeschränkt

■ Allerheiligen als zeitliche Markierung

ist, erfolgen Wahrnehmung und Erleben des Raumes über das Hören. Der Außenraum ist beherrscht vom Heulen, Tosen und Klatschen des Meeres, und der Held ist von dieser ausbrechenden Naturgewalt umgeben. Die Dramatik wird gesteigert, indem Totenstille eintritt (S. 136), bevor der Sturm mit erneuter Wut zurückkommt, und das Wasser gleich einer Sintflut über das Land hereinbricht. »Wie sinnlos starrte Hauke darauf hin; eine Sündflut war's, um Tier und Menschen zu verschlingen« (S. 142). Der Ausdruck »Sündflut« verweist auf den biblisch-religiösen Kontext und den richtenden Gott, der das Wasser über die Menschen hereinbrechen lässt, um sie zu strafen. Es sind die zerstörerischen Winde aus Nordwest, die die Flutwelle vorantreiben und die verheerende Flutkatastrophe verursachen:

> »Eine furchtbare Böe kam brüllend vom Meer herüber, und ihr entgegen stürmten Ross und Reiter den schmalen Akt zum Deich hinan. [...] Aber wo war das Meer? Wo Jeverssand? Wo blieb das Ufer drüben? – – Nur Berge von Wasser sah er vor sich, die dräuend gegen den nächtlichen Himmel stiegen, die in der furchtbaren Dämmerung sich übereinander zu türmen suchten und übereinander gegen das feste Land schlugen. Mit weißen Kronen kamen sie daher, heulend, als sei in ihnen der Schrei alles furchtbaren Raubgetiers der Wildnis.« (S. 137).

Das Wasser wird zu einem dämonisch-unheimlichen Element der Zerstörung und des Todes metaphorisiert. Mit den »weißen Kronen« ist der Tod assoziiert. Das Meer wird personifiziert (brüllen, heulen) und mit dem Raubgetier der Wildnis verglichen. Es verkörpert in dieser Metaphorisierung die ungezähmte, wilde Natur und ihre zerstörerische Kraft.

Wasser – Element der Zerstörung und des Todes

Die dominant horizontale Gliederung des Naturraumes im Text weicht an dieser Stelle einer vertikalen Gliederung, indem sich das Meer nach oben ausdehnt und Berge von Wasser aufsteigen, die einander überlagern. Die türmenden Wasserberge versperren die Sicht auf Jeverssand und heben die räumliche Opposition von Diesseits und Drüben auf. Mit den aufsteigenden Flutwellen dringt auch das Unheimliche in die diesseitige Welt ein. Das bisherige räumliche und kulturelle Orientierungssystem bricht zusammen, indem das Element Wasser über die Grenze zwischen Meer und Land, zwischen Wildnis und Kultur tritt. Das Abgrenzungssystem gegen das Meer und seine Bedrohung, symbolisiert durch den Deich, kollabiert.

In diesem Szenario eines Weltunterganges zeigt sich die Natur in ihrer elementaren Gewalt, angesichts derer der Mensch die Grenzen seiner Macht erfährt: »als sei hier alle Menschenmacht zu Ende; als müsse jetzt die Nacht, der Tod, das Nichts hereinbrechen« (S. 137). Das Apokalyptische dieser Weltuntergangsszene wird durch die hereinbrechende Nacht und Finsternis untermauert. Als Hauke den Deichbruch

Abb. 4: Robert Longo (geb. 1953): Ohne Titel (Drachenkopf), 2005, aus der Serie *Monster* – © VG Bild-Kunst, Bonn 2016.

sieht, erkennt er seine Schuld: »›Herr Gott, ja ich bekenn es‹, rief er plötzlich laut in den Sturm hinaus, ›ich habe meines Amtes schlecht gewartet!‹« (S. 140) und bittet Gott demütig um Gnade für die Menschen (S. 141).

Mittels der erlebten Rede werden die Gedanken von Hauke wiedergegeben, als er ohnmächtig den Untergang von Frau und Kind erleben muss und sieht, wie sie als letzte Geste ihre Arme in die Höhe strecken: »Allmächtiger Gott! Sein Weib, sein Kind waren es« (S. 142). Das Tosen des Meeres verhindert jede sprachliche Kommunikation. Mit einem letzten Gebet stürzt er sich »nach unten« in die Tiefe der Sturmflut. Sein letztes Anflehen Gottes – »›Herr Gott, nimm mich; verschon die andern!‹« (S. 143) – macht seinen Freitod zu einem Sühnetod und ihn zu einem Sühneopfer.

Der Held, der den Kampf mit der Natur aufgenommen hat, scheitert nicht nur an den Naturgewalten und an sich selbst, sondern auch an der Unverträglichkeit von Altem und Neuem, an den Gegensätzen von aufgeklärter und rückständig-abergläubischer Weltsicht und Naturauffassung.

Der Wiedergänger

Nach dem Tod des Helden lebt er als unheimliche Gestalt, die an der Grenze zwischen Meer und Land hin und her reitet, weiter. Ein Unerlöster, der einem jenseitigen Bereich angehört, und als Wiedergänger auf der Grenze zwischen Natur und Kultur zu einem mahnenden Zeichen wird.

Die Figur Hauke Haien ist ambivalent wie ihre Lebensgeschichte. Sie doppelt sich in eine reale Figur, die in der Tiefe der Vergangenheit verortet ist und durch die lange Überlieferungskette als Erzählfiktion fortlebt, und ein übernatürliches Wesen, ein Deichgespenst, das in der Erzählgegenwart erscheint und die Wirklichkeit fragwürdig macht.

Die erzählte Welt ist durch eine grundlegende Zweideutigkeit gekennzeichnet, die durch den Deich als eine kulturelle Grenze symbolisiert wird. Das Aufscheinen einer anderen möglichen Welt mit Phänomenen des Unheimlichen, Nicht-Erklärbaren und Phantastischen unterläuft Annahmen über die empirische Wirklichkeit und eine aufgeklärte, vernunftbestimmte Weltsicht. Indem sie den Glauben und Optimismus an eine Naturbeherrschung bzw. Eindämmung von Naturgewalten durch Technik als Illusion freilegt, ermöglicht die Novelle, an den modernen Naturdiskurs anzuschließen.

7. Autor und Zeit

Kurzbiographie

Theodor Storm wurde am 14. 9. 1817 als Sohn eines Juristen in Husum geboren. Er war dänischer Staatsbürger. Nach seinem Besuch der Gelehrtenschule in Husum ging er ans Katharineum in Lübeck. Dort begegnete er auch dem Lyriker Emanuel Geibel, der bis ins hohe Alter ein Konkurrent für ihn blieb. Dieser war damals der erfolgreichere und wurde von der Literaturkritik mehr geschätzt als Storm.

Bei einem Weihnachtsfest im Hause von Verwandten in Hamburg lernte er 1836 die elfjährige Bertha von Buchan kennen und entwickelte eine erotisch-emotionale Bindung an dieses Mädchen. Seinen späteren Heiratsantrag wies sie jedoch zurück. Nach seinem Abitur 1837 begann Storm, in Kiel Jura zu studieren, und setzte das Studium 1838 in Berlin fort, kehrte dann aber nach Kiel zurück und machte dort sein Examen im Jahr 1842. Er freundete sich mit Theodor Mommsen, einem Historiker, und dessen Bruder Tyche an. Sie schrieben gemeinsam Gedichte und gaben 1843 die Gedichtsammlung *Liederbuch dreier Freunde* heraus. Mommsen regte auch das Vorhaben an, Sagen, Märchen und Lieder aus Schleswig-Holstein zu sammeln. Dieses Projekt hat später Karl Müllenhoff übernommen und 1845 unter dem Titel *Sagen, Märchen und Lieder der Herzogthümer Schleswig, Holstein und Lauenburg* herausgegeben.

Abb. 5: Theodor Storm im Juli 1886.
Foto von Gotthilf Constabel, Hanerau

1842 kehrte Storm nach Husum zurück und arbeitete in der Kanzlei seines Vaters, bis er seine eigene Anwaltskanzlei gründete. Er beteiligte sich am gesellschaftlich-kulturellen Leben in Husum mit Theater, Tanz, Spielpartien und Musik und gründete einen Singverein mit einem gemischten Chor. 1844 heiratete er seine aus Segeberg stammende Cousine Constanze Esmarch. Gleich im ersten Ehejahr ging er aber auch eine leidenschaftliche Beziehung zu Dorothea Jensen ein, einer Senatorentochter aus Husum. Sie war zu dem Zeitpunkt 16 Jahre alt und entsprach seinem Typus einer mädchenhaften Frau.

Anwalt in Husum

Der weitere Lebensweg Theodor Storms ist wesentlich von den politischen Ereignissen in Schleswig und Holstein bestimmt, die seit 1773 als selbstständige Herzogtümer dem dänischen Staat unterstanden. Holstein war ab 1815 Teil des Deutschen Bundes, nicht aber Schleswig. Als 1848 der dänische König Christian VIII. Schleswig aus seiner Verbindung mit Holstein trennen und in Dänemark eingliedern wollte, setzte eine politische Gegenbewegung der Schleswig-Holsteiner ein, die ihre Unabhängigkeit forderten. Es kam zu einem Krieg zwischen Dänemark und den Schleswig-Holsteinern, die mit Hilfe Preußens und der Bundestruppen das dänische Heer schlagen konnten. Auf Druck der Großmächte Russland, Österreich und England zog sich Preußen jedoch wieder zurück, und Dänemark schlug 1850 die schleswig-holsteinischen Truppen bei Idstedt. Dänische Soldaten besetzten Husum, und Schleswig fiel erneut an Dänemark.

1849 unterschrieb Storm mit anderen Husumern eine Petition gegen die Aufhebung der Personalunion mit Dänemark. Das galt als Hochverrat und Storm erhielt daraufhin keine Bestätigung seiner Rechte, sich als Anwalt niederzulassen. Ein Arrangement mit dem dänischen Staat wäre möglich gewesen, wenn Storm die rechtlichen Verhältnisse anerkannt hätte, aber das lehnte er ab. Er bekam Berufsverbot und ging 1853 ins Exil nach Potsdam.

■ Potsdamer Jahre

Als preußischer Beamter lebte Storm mit seiner Familie von 1853 bis 1856 in Potsdam, wo er sich jedoch nicht wohlfühlte. Er lehnte den preußischen Militärstaat mit seiner Privilegierung des Adels, der Zensur, fehlender Pressefreiheit und Gesinnungsschnüffelei ab. Storm lebte mit seiner Familie in finanziell beengten Verhältnissen und erhielt immer wieder Unterstützung durch seinen Vater.

■ Heiligenstadt

1856 ging Storm mit seiner Ehefrau und seinen vier Kindern nach Heiligenstadt, wo er preußischer Kreisrichter wurde. Auch hier pflegte er ein kultiviert-geselliges Leben. 1863 kam es erneut zu politischen Auseinandersetzungen in Schleswig-Holstein, da der dänische König für die Trennung von Schleswig und Holstein eintrat. Eine nationale Gegenbewegung forderte die Selbstständigkeit der beiden Herzogtümer. Ihr Gegner war Preußen; Bismarck strebte selbst die Annexion der Herzogtümer durch Preußen an. Es kam 1864 zu einem Krieg zwischen Preußen/Österreich und Dänemark, in dem Dänemark unterlag. Dänemark musste seine Rechte auf Schleswig und Holstein abtreten. Deutsch wurde als Geschäftssprache eingeführt.

Rückkehr nach Husum

Nach Ende des Krieges kehrte Storm 1864 nach Husum zurück und wurde dort zunächst Landvogt, später Amtsrichter. 1865 starb seine Frau Constanze mit 40 Jahren. Ein Jahr später heiratete er Dorothea Jensen, doch die Ehe lief nicht gut. Seine Kinder bereiteten ihm immer wieder Kummer. Sein Sohn Hans war Alkoholiker, unzuverlässig, verschuldete sich und scheiterte später auch als Arzt. 1886 starb er mit 38 Jahren. Sein Sohn Karl galt als labil; er wurde Musiklehrer. Sein Sohn Ernst hatte zwar die Berufslaufbahn seines Vaters mit Erfolg eingeschlagen, doch auch er erwies sich als instabil, trank gerne und verschuldete sich. Seine Tochter Lucie starb mit 25 Jahren in der Nervenheilanstalt in Kiel. In den 1870er Jahren begann noch einmal eine produktive Phase bei Storm, in der er insgesamt 15 Novellen und seine autobiographische Skizze *Zerstreute Kapitel* verfasste.

Hademarschen

Mit 63 Jahren ließ Storm sich vorzeitig pensionieren und zog sich 1879 nach Hademarschen zurück. Er pflegte auch hier die Geselligkeit mit Freunden und machte Reisen nach Hamburg und Berlin. Seine hohen Erwartungen an Hademarschen wurden allerdings enttäuscht. Anfang 1885 hatte er die Idee, aus der Sage vom gespenstischen Reiter eine eigene Novelle zu machen, und begann mit Vorbereitungen dafür. 1886 wurde bei Storm Magenkrebs festgestellt. 1888 beendete er den *Schimmelreiter* und starb am 4. Juli desselben Jahres in Hademarschen. Er erlebte noch den Abdruck der Novelle in der *Deutschen Rundschau* im April und Mai 1888, aber nicht mehr die Buchausgabe.

Werkübersicht

Das Werk Theodor Storms umfasst lyrische und erzählende Texte, bestehend aus Novellen, Erzählungen und Märchen.

Lyrik

Seine frühen Gedichte im *Liederbuch dreier Freunde* (1843) sind weitgehend konventionell und an romantischen Motiven orientiert. Einen eigenen lyrischen Stil entwickelte er erst in seiner ersten Buchausgabe *Sommergeschichten und Lieder* (1851). Seine zentralen Themen waren Natur, Liebe, Vergänglichkeit und Tod. 1852 gab Storm seine erste Gedichtsammlung *Deutsche Liebeslieder* heraus, die mit *Oktoberlied* (entst. 1848) eröffnet wird (»Der Nebel steigt, es fällt das Laub«). Der Höhepunkt von Storms Lyrik liegt in den Jahren von 1854 bis 1867. Gegenüber den früheren von Stimmungen getragenen Gedichten betont Storm jetzt stärker das Gegenständliche wie in *Meeresstrand* (»An's Haf nun fliegt die Möwe, / Und Dämm'rung bricht herein«).

■ Storms Erlebnislyrik

In den Vorworten zu seinen Lyrikanthologien *Deutsche Liebeslieder seit Joh. Chr. Günther* (1859) und *Hausbuch aus deutschen Dichtern seit Claudius* (1870) und in seinem Briefwechsel mit Freunden legt Storm sein Verständnis von Lyrik dar. Er ordnet sich selbst in die Tradition der Erlebnislyrik ein, die mit Goethe begann und im 19. Jahrhundert bestimmend war. Nach Storm sollte ein bedeutsames Erlebnis den Ausgangspunkt und Kern eines Gedichtes bilden und mit klanglichen Mitteln so zum Ausdruck gebracht werden, dass es für den Leser zugänglich und erfahrbar wird.[23] Repräsentativ für seine Form des Erlebnisgedichtes ist *Hyazinthen* (Erstdruck 1852) mit seiner gesteigerten Zuspitzung inneren Erlebens eines Ich, das sich verlassen fühlt, während die Geliebte draußen tanzt und die Musik von Ferne zu ihm dringt. Storm hat eine eigene Variante des Typus des realistischen Erlebnisgedichtes entwickelt, das sich der gegenständlichen Wirklichkeit zuwendet und im individuellen Erlebnis etwas Allgemeingültiges ausdrücken möchte. Beispielhaft dafür ist das Gedicht *Die Stadt* (1852), in dem das Bild einer stimmungsvollen, herben Landschaft entworfen wird (grauer Strand, graues Meer, Nebel, Stille) und das sprechende Ich seine Zuneigung zur Stadt ausdrückt (»Doch hängt mein ganzes Herz an dir«).

Storms Lyrikauffassung galt zu seiner Zeit bereits als zu eng. In seiner späteren Lyrik, wie *Geh nicht hinein* (1879) und dem 1865–67 verfassten Zyklus *Tiefe Schatten*, der im Kontext des Todes von Constanze entstanden ist, geht es thematisch um Vergänglichkeit, Tod und Sterben. 1885 endet die Lyrikproduk-

23 Dieter Lohmeier, *Das Erlebnisgedicht bei Theodor Storm*, in: *Schriften der Theodor-Storm-Gesellschaft* 30 (1981), S. 9–26.

tion von Storm und er wendet sich ausschließlich der Novellistik zu.

Novellen und Erzählungen

■ Spezifika von Storms Novellen

Aufgrund gattungsbezogener und inhaltlich-thematischer Veränderungen, aber auch der Art und Weise, wie erzählt wird, lässt sich Storms Novellistik in eine frühe, mittlere und späte Phase einteilen, auch wenn in der späteren Novellenproduktion ältere und neuere Erzähltechniken zum Teil nebeneinander existieren. Zu den erzähltechnischen Kennzeichen seiner Novellen gehören die Rahmenkonstruktion, die Erinnerungsperspektive, das Auftreten eines oder mehrerer Ich-Erzähler und die Thematisierung des Erzählens selbst.

Frühe Phase

Zum Frühwerk (1848–53) zählen neben den Märchen *Hans Bär* und *Der kleine Häwelmann* die Novellen *Marthe und ihre Uhr* (1848), *Ein grünes Blatt* (1850) und vor allem *Immensee* (1851).

- **1851 Immensee:** Diese Novelle brachte Storm den künstlerischen Durchbruch. Sie war wegen ihrer Reihung lyrisch-stimmungsvoller Szenen populär geworden und prägte lange Zeit das Bild von Theodor Storm. Eröffnet wird die Novelle mit einem knappen Rahmen und einem neutralen Erzähler. Ausgelöst durch das Mondlicht, das auf das Bild einer jungen Frau fällt, erfolgt die Rückblende eines alten Mannes, Reinhardt, der sich an seine Jugendliebe Elisabeth erinnert und der verpassten Liebe nachtrauert. In der Rückschau kann er das Vergangene und Verlorene poetisch vergegenwärtigen und sich so mit seinem Leben versöhnen. Die Stimmung ist melancholisch, die Figur eher passiv-resignativ.

Mittlere Phase

In der mittleren Phase, die seine Zeit in Potsdam und Heiligenstadt (1853–64) umfasst, schrieb Storm unter anderem die Novellen *Im Sonnenschein* und *Angelica. Im Sonnenschein* (1854) ist aus einzelnen unverbundenen Bildern aufgebaut, in denen Gegenwart und Vergangenheit miteinander verflochten sind, ohne sich in einen größeren Erzählzusammenhang zu integrieren. *Angelica* (1855) besteht aus einer Folge von Zustandsbildern und einer hintergründigen Symbolik von Raum und Dingen. Sie galt auch Storm aufgrund ihrer hohen Subjektivität als eine schwache Novelle. In den Novellen der Heiligenstädter Zeit wendet sich der Realist Storm stärker der Wirklichkeit zu. Erzähltechnisch setzt sich bei Storm zunehmend die Erinnerungsperspektive durch.

- **1859 Auf dem Staatshof:** Diese erste Novelle seiner Heiligenstädter Zeit markiert eine neue Entwicklungsphase. Das Subjektive und Stimmungsvolle der frühen Novellen wird abgelöst durch einen durchgehenden Handlungsfaden, eine Verknüpfung von einzelnen Szenen und Geschehnissen und einen pointierten Konflikt. Die Welt wird nicht in statischen Stimmungsbildern eingefangen, sondern sie wird erzählt. Der Ich-Erzähler wird zu einer Figur ausgestaltet, die am Geschehen teilhat, mithandelt und sich an die vergangenen Geschehnisse erinnert. Neuartig ist ebenfalls die Verankerung der Geschichte, der Figuren und Konflikte in einem konkreten historischen und sozialen Zusammenhang. Inhaltlich geht es um einen gesellschaftlichen Umbruch, den Untergang des bäuerlichen Patriziats und den Aufstieg einer neuen Mittelschicht, der zur Verdrängung einer großbürgerlichen Kultur durch Zweckdenken und Ökonomisierung von Lebensbereichen führt. Der wirtschaftliche Niedergang des Hofes von Anne Lene spiegelt die Agrarkrise nach dem Ende der Napoleonischen Kriege in Eiderstedt. Die neue Schicht wird durch den tatkräftigen Claus Peters, Sohn eines Brauers, vertreten, in dessen Besitz der Hof nach dem Tode Anne Lenes übergeht. Marx, der Jugendfreund von Anne Lene, erzählt im Rückblick ihre Geschichte von ihrem Untergang und Tod. Seine Perspektive und Erinnerung bestimmen die Erzählung. Der Erzähler hebt einleitend die Lückenhaftigkeit des Erzählten hervor und thematisiert damit das Erzählen selbst und sein Verhältnis zur erzählten Welt (Fiktion).

- **1862 Im Schloß:** Die Novelle zeichnet sich durch einen höheren Realitätsgehalt aus und enthält eine Kritik an Adel und Kirche. Gekennzeichnet ist sie durch Verknüpfung mehrerer Zeitebenen, Raffungen und perspektivische Brechungen. Thematisiert wird der Standesunterschied in der Beziehung der adligen Protagonistin Anna und dem bürgerlichen Hauslehrer Arnold, von dem sie während ihrer Ehe ein Kind bekommt.

- **1863 Auf der Universität:** Die Novelle verschränkt mehrere Erzählperspektiven und wurde von Schriftstellerkollegen aufgrund der überzeugenden Motivierung von Geschehnissen sehr positiv aufgenommen.

Storm verfasste auch weiterhin Erzählungen, die im biedermeierlich geprägten Ehe-/Familienmilieu spielen wie *Späte Rosen* (1860). Hier wird erstmalig der resignative Erzählton der frühen Novellen überwunden. Er schrieb außerdem das Kunstmärchen *Die Regentrude* (1863) und die phantastische Erzählung *Bulemans Haus* (1864). Nach *Von Jenseits des Meeres* (1864) verfasste er die Novelle *In St. Jürgen* (1868), die in ihrem resignativen Ton den frühen Novellen ähnelt.

Späte Phase

Die in den 1870er und 1880er Jahren in Husum und Hademarschen entstandenen Novellen zählen zum Spätwerk Storms.

- **1872 Draußen auf dem Heidedorf:** Eine literarische Wende stellt die Novelle *Draußen auf dem*

Heidedorf dar. Sie ist gekennzeichnet durch Handlungsdominanz und die Herausarbeitung eines Konflikts, aus dem sich das Geschehen entwickelt und der nicht harmonisierend gelöst wird. Ein junger Bauer wird zu einer Vernunftehe gezwungen, um den verschuldeten Hof seiner Eltern zu retten, liebt aber ein sinnliches, verführerisches Mädchen. Er verfällt ihr und macht ihr teure Geschenke, bis er am Ende mittellos dasteht. Ihre Weigerung, mit ihm auszuwandern, leitet die Wende ein und endet in der Katastrophe: Er nimmt sich das Leben. Der Konflikt wird sozial und psychologisch motiviert. Das Erzählen aus der Erinnerung heraus wird hier weiter ausdifferenziert.

- **1874 Viola tricolor:** Auf den biographischen Hintergrund von Storms zweiter Ehe mit Dorothea und ihrer Belastung durch die Trauer um die verstorbene Constanze verweist die Novelle *Viola tricolor* (›Stiefmütterchen‹). Die Beziehung zwischen der zweiten Ehefrau Ines zu ihrem Mann und Stiefsohn ist sehr angespannt, da beide in der Erinnerung an die erste Frau und Mutter leben. Das Bildnis der verstorbenen Frau bringt den Konflikt hervor, der jedoch am Ende versöhnlich gelöst wird.
- **1874 Pole Poppenspäler:** Diese Künstlernovelle wendet sich an ein jugendliches Publikum und ist von der für Storm typischen Verflechtung von Rahmen und Binnengeschichte durch die Erinnerung geprägt. Im Rahmen erinnert sich ein älterer Ich-Erzähler an seine Jugend und die Bekanntschaft mit

dem Kunstdrechsler Paul Paulsen, mit dem Spitznamen Pole Poppenspäler, zurück, der ihm seine Geschichte erzählte. Nach langen Jahren begegnet Paul der Puppenspielertochter Lisei, die er einst in seiner Jugend traf, wieder und heiratet sie. Behandelt wird der Gegensatz von bürgerlicher Welt und Künstlertum, von Alltag und Phantasiespiel.

- **1876 Aquis submersus:** Als Höhepunkt von Storms Novellistik der 1870er Jahre gilt die historische Novelle *Aquis submersus.* Das Bildnis eines toten Jungen mit einer weißen Lilie und Inschrift *culpa patris aquis submersus* (›durch die Schuld des Vaters im Wasser ertrunken‹) wird im Erzählrahmen zum Auslöser für den Betrachter, das geheimnisvolle Bild zu entziffern. Ein vergilbtes Manuskript gibt Aufschluss über dieses Bild. Der Maler Johannes erzählt die Geschichte, die im Jahr 1661 einsetzt. Der dargestellte Junge ist das außereheliche Kind von ihm und der Adligen Katharina, die er aufgrund von Standesunterschieden und dem Herrschaftsanspruch des Bruders nicht heiraten durfte. Nach Jahren der Trennung begegnen sie sich wieder. Im Moment der Umarmung ertrinkt der Junge in einem See. In der Inschrift des Bildes gibt Johannes sich die Schuld. Mit dem doppelten Erzählrahmen und den zwei Ich-Erzählern wendet Storm erneut das Verfahren der Erinnerung an und verdichtet Geschehnisse zu poetischen Bildern.

Nach *Aquis submersus* wendet sich Storm der Historie zu und verfasst mehrere Chroniknovellen (historische Novellen): *Renate* (1878), eine Novelle, die von der Diskriminierung der Frau handelt, *Zur Chronik von Grieshuus* (1884), die die Auflösung einer Familie im 17./18. Jahrhundert schildert, und *Ein Fest auf Haderslevhuus* (1885), einer Liebesgeschichte im 14. Jahrhundert, die ein Motiv des Schauerromans des 18. Jahrhunderts aufnimmt, indem ein Ritter die Leiche seiner Geliebten raubt.

Zu den Themen von Storms späten Novellen gehören der Vater-Sohn-Konflikt, das Scheitern von Figuren, die Auflösung bürgerlicher Ordnungen und das Auseinanderbrechen der Familie.

- **1881 Der Herr Etatsrat:** In dieser Novelle tritt erstmals das Motiv des Deichbaus auf. Der Protagonist, ein höherer Beamter, der für den Bau von Deichen verantwortlich ist, ist eine groteske, zerstörerische Figur, deren Selbstherrlichkeit und Ich-Bezogenheit demaskiert wird. Die Novelle verweist auf phantastische Erzählungen eines Edgar Alan Poe und der Romantik.
- **1882 Hans und Heinz Kirch:** Die Novelle behandelt einen Konflikt zwischen Vater Hans und Sohn Heinz, der sich den ehrgeizigen und aufstiegsorientierten Plänen seines Vaters nicht beugt und in die Fremde geht, woran auch die Liebesbeziehung zu Wieb zerbricht. Es wird auf das Gleichnis vom verlorenen Sohn angespielt, das jedoch abgeändert

wird, indem der Vater seinen Sohn zweimal verstößt. Am Ende bleibt Hans Kirch allein zurück und wird von Wieb betreut.

Den Höhepunkt seiner Novellistik bildet *Der Schimmelreiter* (1888). Parallel zu seiner Arbeit am *Schimmelreiter* entstanden die Erzählungen *Bötjer Basch* (1886), *Ein Bekenntnis* (1887), die von einer Begegnung mit einem dreizehnjährigen Mädchen und von Sterbehilfe handelt, und *Ein Doppelgänger* (1886), der Geschichte des straffälligen John Hansen.

Literaturgeschichtliche Einordnung

Der literarische Realismus

Theodor Storm ordnet sich in den literarischen (bzw. poetischen) Realismus ein, der den Zeitraum von etwa 1830 bis 1890 umfasst. Der Realismus wendet sich der empirisch erfahrbaren Wirklichkeit und dem Menschen in seiner alltäglichen Umwelt zu. Das darstellerische Ziel besteht jedoch nicht in der bloßen Abbildung von Wirklichkeit, sondern in ihrer Deutung und der Herstellung von Zusammenhängen, die an der Oberfläche nicht erkennbar sind.

Das vermeintlich Wirkliche wird im realistischen Schreiben problematisiert, z. B. durch den unzuverlässigen Erzähler, der nicht mehr für die Gesichertheit des Erzählten einsteht wie in vielen Storm-Novellen (*Staatshof*, *Aquis submersus*, *Schimmelreiter*).

Der bloßen Nachahmung von Wirklichkeit setzen Fontane, Storm, Keller und Raabe das Prinzip der

Verklärung entgegen. »Verklärung« (oder »Idealität«) bedeutet nicht die Beschönigung von Wirklichkeit, sondern das Sichtbarmachen einer Realität, die unter der Oberfläche von sinnlich wahrnehmbaren Erscheinungen verborgen ist. Darin besteht der spezifische Eigenwert von Dichtung und der durch poetische Regeln hervorgebrachten (fiktiven) Wirklichkeit. Gefordert wird eine Versöhnung zwischen der tatsächlichen, sinnlich wahrnehmbaren Wirklichkeit und dem, was hinter den Dingen steht, zwischen der als mangelhaft erlebten Wirklichkeit und einer idealen, wünschenswerten, d.h. einer Wirklichkeit, wie sie sein sollte. Die Differenz zwischen Literatur und einer außersprachlichen Realität soll dabei deutlich bleiben. Daher fordern Realisten auch, dass das Medium des Erzählens erkennbar bleiben und auf den Erzähler nicht verzichtet werden solle.

Verklärung

Storm setzt dieses Verklärungspostulat in der Erzähler- und Erinnerungsperspektive um, durch die Wirklichkeit subjektiv gebrochen wird und somit ungesichert bleibt, wie die vergangene Realität tatsächlich ausgesehen hat. Der Anspruch, in der alltäglichen Wirklichkeit eine höhere Wahrheit oder eine andere Welt aufscheinen zu lassen, zeigt sich im *Schimmelreiter* an phantastischen Elementen. Dazu gehört auch die Rahmenbildung, durch die das Erzählte zeitlich distanziert und die Glaubwürdigkeit des Erzählten fortlaufend unterlaufen wird, um die Differenz zwischen erzählter Realität (der Fiktion) und dem Erzählvorgang, der sie erzeugt, zu verdeutlichen.

Zu den Forderungen der Realisten gehört ebenfalls die Verpflichtung auf Objektivität der Darstellung. Daher lehnen sie, und insbesondere auch Storm, eine Vereindeutigung von Wirklichkeit ab und bevorzugen das multiperspektivische Erzählen, bei dem die erzählte Welt aus unterschiedlichen Perspektiven dargestellt wird. Das Andeutungshafte, Indirekte, Mehrdeutige und die Perspektivenvielfalt sind die Stilmittel realistischen Schreibens, die sich gegen festgelegte Wirklichkeitsdeutungen wenden. Erzählen ist stets nur eine Annäherung an Begebenheiten und Geschehnisse und lässt in vielem offen, was tatsächlich geschehen ist.

8. Rezeption

Storm als sentimentaler Heimatdichter

Storm wurde immer wieder die Begrenzung auf die kleine Welt der Provinz mit ihrem vorindustriellen Dasein, der Familie und der nordfriesischen Landschaft vorgeworfen. Ihm haftete lange Zeit das Image des idyllischen und sentimentalen Dichters an, der seiner nordischen Heimat sehr verbunden ist. Befördert wurde dieses Bild nicht zuletzt durch die Lesebücher für den Schulunterricht und Storms Vereinnahmung durch die Heimatkunst Ende des 19. Jahrhunderts, die gegen die Moderne und großstädtische Lebenswelten die Heimat setzte. Erst nach 1945 erfolgte eine grundlegende Revision des Bildes von Storm.

Nach Veröffentlichung des *Schimmelreiters* in der *Deutschen Rundschau* 1888 erhielt Storm viel Lob von dem Schriftsteller Paul Heyse und dem Literaturhistoriker Erich Schmidt. *Der Schimmelreiter* wurde nach 1900 zu einer der meistgelesenen Novellen Storms und zu einem zentralen Text des Deutschunterrichts und gehört bis in die Gegenwart zur bevorzugten Schullektüre. Viele Schulbuchverlage geben eigene Lesehefte vom *Schimmelreiter* heraus und bieten eine Vielzahl didaktischer Bearbeitungen an. Bearbeitungen für Film, Hörbuch und die Bühne haben den Stoff einem breiten Publikum zugänglich gemacht.

Forschung zum *Schimmelreiter*

Der Schimmelreiter steht inzwischen in einer langen Interpretationsgeschichte mit unterschiedlichen Deutungen der Heldenfigur, ihres Scheiterns und des Gegensatzes von Abergläubischem und Aufgeklärtem. Diese Rezeptionsgeschichte trägt mit zur Kanonisierung des Textes bei und zeigt, dass die Novelle aufgrund ihrer Mehrdeutigkeit und Vielschichtigkeit an verschiedene Kontexte anschlussfähig ist und immer erneut aktualisiert werden kann.

In der zweiten Hälfte des 19. Jahrhunderts war die Forschung vor allem literaturgeschichtlich orientiert und hat die Novelle im Zusammenhang mit anderen Werken von Storm und innerhalb der literarischen Tradition untersucht. In der Wilhelminischen Ära (1890–1918) begann ein Prozess der Heroisierung des Protagonisten als überragende Heldenfigur und Vertreter des nordischen Stammes. Hauke Haien galt als Inbegriff des Männlichkeitsideals der Kaiserzeit. Diese Sichtweise setzte sich in der Weimarer Republik und in der Zeit des Nationalsozialismus fort, in der Hauke Haien zur Führergestalt, die sich aus der Masse hervorhebt, stilisiert wurde. Die Novelle wurde im völkisch-nationalen Sinne ideologisiert. Zwischen den beiden Weltkriegen bis in die 1940er Jahre wurde der *Schimmelreiter* zur bevorzugten Schullektüre. Statt einer genauen Textarbeit, die die Erzähltechnik, den Aufbau und die Motivlage rekonstruiert, wurde Hauke als nordischer Rassemensch und Führer, der gegen die Masse kämpft und an ihr tragisch scheitert, charakterisiert.

Die Ideologisierung des Helden

In den 1950er Jahren hat insbesondere der DDR-Germanist Peter Goldammer[24] eine Revision der

24 Storm (s. Anm. 2).

Ideologisierung Storms angestrengt und die Novelle und ihre Konfliktlage in einen historisch-gesellschaftlichen Kontext eingeordnet. Weitere Neuansätze aus der amerikanischen Germanistik stellten Bezüge zu Goethes *Faust* her und sahen in Hauke Haien den Typus des überragenden und an sich und seinem Hochmut scheiternden Menschen.

Gesellschaftskritische Deutungsansätze

Die 1960er Jahre sind von geistesgeschichtlichen Deutungsansätzen geprägt, die von konkreten Konfliktbeziehungen abstrahieren und das Scheitern des Helden schicksalhaft oder innerhalb eines religiösen Deutungskontextes als Strafe für seine Hybris der Ich-Bezogenheit interpretieren. Ein sozial- und gesellschaftskritischer Deutungsansatz von Jost Hermand[25] sieht dagegen in Hauke Haien den Prototypen des gründerzeitlichen Über- und Herrenmenschen, der an seiner Selbstüberschätzung scheitert und in dessen Schicksal sich die negativen Auswüchse der Gründerzeit im deutschen Kaiserreich spiegeln würden. Gegen diese Deutung wendet u. a. Segeberg[26] zu Recht ein, dass der Protagonist keine materielle, sondern eine technische Rationalität verkörpere und Gewinnmaximierung nicht sein Hauptmotiv sei.

Quellenforschung

Nach 1970 verschob sich das Interesse der Forschung auf die Quellen, die Entstehungsgeschichte der Novelle und die Geschichte Nordfrieslands als

25 Jost Hermand, *Hauke Haien. Kritik oder Ideal des gründerzeitlichen Übermenschen?*, in: *Wirkendes Wort: deutsche Sprache und Literatur in Forschung und Lehre* 15, 1965, S. 40–50.

26 Segeberg (s. Anm. 20).

Schauplatz der Novelle. Die Studien von Reimer Kay Holander[27] und Karl Ernst Laage[28] geben Einblick in Storms Arbeitsweise, seine umfangreichen Vorbereitungen für das Schreiben der Novelle und in die Zeit- und Kulturgeschichte Nordfrieslands.

In den 1980er Jahren entstanden genderorientierte Deutungsansätze, die die Entfremdung eines männlich-rationalen Weltbildes von einer als weiblich etikettierten Natur als Kern der Novelle ansehen. Winfried Freund[29] hat 1984 eine erste umfassende Interpretation der Novelle vorgelegt. Er knüpft an die Arbeit von Jost Hermand an und stellt die soziale Problematik und die persönliche Schuld von Hauke Haien in den Vordergrund. Für ihn verkörpert der gespenstische Schimmelreiter die dämonische Ich-Besessenheit eines Machtmenschen[30], dessen Tod Sühne und Eingeständnis seiner Schuld sei. Mit dieser Interpretation, die den Protagonisten einseitig auf eine Skala von Negativeigenschaften festlegt und seine widersprüchliche Natur unbeachtet lässt, verengt sich die Perspektive auf den Text. Auch wird hier, wie bereits in vielen Deutungen zuvor, die Erzählperspektive des Schulmeisters missverstanden, wenn ihm unterstellt wird, eine Heroisierung des Helden und ungebrochene Fiktion des Heros zu zeichnen und

Die Frage der Schuld

27 Holander (s. Anm. 5).
28 Laage (s. Anm. 8).
29 Winfried Freund: *Theodor Storm, Der Schimmelreiter*, Stuttgart 2002.
30 Freund (s. Anm 29), S. 61.

in seinem rationalen Weltbild das Abergläubische zu entlarven. Aber der Schulmeister zeigt auch, wie in Kap. 6, S. 70 dargelegt, die andere Seite des Helden und nimmt gegenüber den Geschehnissen auf Jevershallig eine ambivalente Erzählperspektive ein.

Ein dominantes Deutungsschema der 1980er / 90er Jahre ist das von Schuld und Sühne und dem Opfertod Hauke Haiens. Nach Frühwald[31] würde er damit die Haltung des Aberglaubens, den er seinem rationalen Weltverständnis nach ablehne, übernehmen. Diese Sicht blendet jedoch das zwiespältige Verhältnis von Abergläubischem und Aufgeklärtem in der Novelle aus. Volker Hoffmann[32] stellt eine Verbindung zum Motiv des Teufelspaktes und seiner literarischen Tradition her und interpretiert die Lebensgeschichte von Hauke als eine Teufelspaktgeschichte.

Erzählstruktur der Novelle

Seit den 1990er Jahren hat sich ein großer Teil der Forschung neben weiteren Studien zu Quellen und zum Schreibprozess von Storm vor allem auf die Erzählstruktur der Novelle konzentriert und die Besonderheit des Erzählrahmens, der Technik des Erinnerns und der Fiktion von Mündlichkeit herausgear-

31 Wolfgang Frühwald, *Hauke Haien, der Rechner. Mythos und Technikglaube in Theodor Storms Novelle »Der Schimmelreiter«*, in: Jürgen Brummack [u. a.], *Literaturwissenschaft und Geistesgeschichte. Festschrift für Richard Brinkmann*, Tübingen 1981, S. 438–457.

32 Volker Hoffmann, *Theodor Storm »Der Schimmelreiter«. Eine Teufelspaktgeschichte als realistische Lebensgeschichte*, in: *Interpretationen: Erzählungen und Novellen des 19. Jahrhunderts*, Bd. 2, Stuttgart 2008, S. 333–370.

beitet. Eine genaue Textanalyse und Erarbeitung der Erzählstruktur, des Aufbaus und der komplexen Motiv- und Konfliktlage bilden auch den Kern neuerer didaktischer Bearbeitungen.[33]

Eine Neubewertung des Gespenstischen und Unheimlichen findet in den 2000er Jahren statt, indem das Verhältnis von innerem Erzählrahmen und Binnengeschichte und die gegensätzlichen Positionen der beiden Erzähler näher untersucht werden.[34] Eine durchgehende Fragestellung der Forschung ist immer wieder die nach dem Verhältnis von Aufklärung und Aberglauben, von vernünftiger Weltsicht und magischer Weltsicht mit ihrem Glauben an Übernatürliches, Spuk und Gespenster. Weitgehende Übereinstimmung besteht dahingehend, dass die Novelle das Scheitern der Moderne und der Aufklärung mit ihrem Rationalitätsanspruch angesichts einer nicht beherrschbaren Natur und ihrer Gewalt zeige.

Immer wieder diskutiert wird auch die Frage, wie sich das Abergläubische und Gespenstische mit dem

33 Andreas Blödorn, *Storms »Schimmelreiter«: Vom Erzählen erzählen*, in: *Der Deutschunterricht* 57 (2005), H. 2, S. 8–17; Gerd Eversberg/Jean Lefebvre (Bearb.), Florian Radvan/ Anne Steiner (Hrsg.), *Textausgabe und Kopiervorlagen. Theodor Storm »Der Schimmelreiter«*, Berlin 2014.

34 Karl Ernst Laage, *Zur Rolle des Deichgespenstes in Storms »Schimmelreiter«*, in: *Schriften der Theodor-Storm-Gesellschaft* 63 (2014), S. 40–46; Jean Lefebvre, *Nichts als Gespenster? Die Funktionen des Deichreiters in der Rahmenhandlung des »Schimmelreiters«*, in: *Schriften der Theodor-Storm-Gesellschaft* 58 (2009), S. 7–13.

Das Dämonische und der Realismus

Realismus verträgt. Für Meier[35] unterläuft das Dämonische und Abergläubische nicht die Forderung des Realismus nach Darstellung von Wirklichkeit, weil in der langen Überlieferungskette der Geschichte nicht die Wirklichkeit selbst, sondern die erzählte Fiktion verhandelt würde. Dem widerspricht Christian Demandt[36] in einer sehr differenzierten Interpretation, die völlig neue Deutungsperspektiven eröffnet. Er ordnet die Novelle in einen religionskritischen Kontext ein und betont die grundlegende Infragestellung der Realität in der Novelle. Das Ende des Helden stehe für ein Individuum, das in einer ›entgotteten‹ Welt sich selbst fremdgeworden sei.

Bearbeitungen für andere Medien

In Film, Theater, Oper, im Lied, im Hörfunk, in der Literatur und in der Bildenden Kunst wurde die Novelle adaptiert. Neben einer Radiofassung von 1960, einem Puppenspiel, Hörbuch und einer Lesung liegt auch eine Ausgabe mit 66 Radierungen von Alexander Eckener, die eine eigene Deutung anbietet, vor. Zwei Graphic Novels von Ute Helmbold (2013) und Jens Natter (2014) sowie ein Kriminalroman der Novelle von Andrea Paluch und Robert Habeck (2001) sind in jüngerer Zeit erschienen. Eine Bühnenfassung stammt von John von Düffel (Hamburg 2008) und von Johan Simons (Hamburg 2016).

35 Albert Meier, *Wie kommt ein Pferd nach Jevershallig? Die Subversion des Realismus in Theodor Storms »Der Schimmelreiter«*, in: Hans Krah/Claus-Michael Ort (Hrsg.), *Weltentwürfe in Literatur und Medien. Phantastische Wirklichkeiten – realistische Imagination.* Festschrift für Marianne Wünsch, Kiel 2002, S. 167–179.

36 Demandt (s. Anm. 15).

Drei Verfilmungen

1933 entstand in der Regie von Curt Oertel und Hans Deppe ein Spielfilm, der der nationalsozialistischen Ideologie verpflichtet ist. Hauke Haien wird als Führergestalt, die sich von der Masse abhebt, inszeniert und zu einer Heldenfigur aufgebaut, die völkisch-nationale Werte wie Ehre, Mut, Härte, Kämpfertum und Leistungswillen verkörpert. Da geistig behinderte Menschen in der NS-Zeit als »unwertes Leben« galten, hat der Film die Tochter Wienke ausgeblendet. Trotz seiner ideologischen Inanspruchnahme der Novelle hat der Film auch eine eigene Bildsprache und Filmästhetik entwickelt.

1978 gab es eine weitere Verfilmung der Novelle unter der Regie von Alfred Weidenmann, die aufgrund ihres rein kommerziellen Interesses eine grundlegende Uminterpretation vornahm. Hauke und sein Gegenspieler Ole Peters versöhnen sich und feiern sogar die Hochzeit mit ihren Frauen gemeinsam. Auch wird der Protagonist einseitig als Sympathie- und Identifikationsfigur gezeigt. Der Film bedient mit dieser Glättung und seiner visuell-ästhetischen Verflachung reine Unterhaltungsinteressen.

1984 entstand in einer Kooperation des Fernsehens der DDR und Polens und unter der Regie von Klaus Gendries eine Verfilmung, die am Originalschauplatz der ursprünglichen Sage an der Weichsel gedreht wurde. Der Spielfilm greift die Rahmentechnik und das Motiv des Erinnerns aus der Novelle auf und schafft mit filmischen Mitteln eine eigene Interpretation der Novelle.

9. Prüfungsaufgaben mit Lösungshinweisen

Aufgabe 1: Charakterisierung der Hauptfigur

Arbeitsauftrag 1: Charakterisieren Sie Hauke Haien unter Berücksichtigung seines Lebenslaufes, seines Handelns und seiner Verhaltensweisen nach äußeren und inneren Merkmalen. Belegen Sie jeweils am Text ihre Interpretation der Figur.

Lösungshinweise

Allgemeine Anforderungen

Das Erfassen der charakteristischen Merkmale einer Hauptfigur ist grundlegend für das Verständnis eines Textes. Man unterscheidet nach inneren (Moral, Interesse, Begabungen, Antriebe) und äußeren Merkmalen (Aussehen, Alter, Beruf, Stand). Diese können explizit vom Erzähler, der Figur selbst oder anderen Figuren genannt werden oder sie sind implizit gegeben und müssen aus ihrer Rede, ihrem Handeln und Verhalten vom Leser abgeleitet werden.

Inhaltliche Aspekte

Äußere Merkmale:

- Über Haukes Aussehen gibt der Text nur wenig Auskunft, aber er ist, wie es heißt, ein langer hagerer Bursche, und blond (S. 9, 17). Er steigt vom Klein- und Großknecht zum Deichgrafen auf und verfügt über einen ansehnlichen Besitzstand. Als Techniker und Deichbauingenieur ist er Autodidakt.

Innere Merkmale:

- Er ist wissbegierig, rechnerisch begabt und klug, wie sich schon in seiner frühen Jugend an seinem Studium des Euklid und der eigens dafür erworbenen Kenntnisse der holländischen Sprache zeigt.
- Er ist einzelgängerisch, sondert sich von Schulkameraden ab und ist gerne allein am Wattenmeer (S. 11, 14). Seine sozialen Kompetenzen sind eingeschränkt.
- Seine Überlegenheit und rechnerischen Fähigkeiten werden deutlich, als er im Dienst des alten Deichgrafen steht und dessen Geschäfte durchführt. Er ist ehrgeizig und selbstbewusst. Er möchte Deichgraf werden und traut sich schon als Junge zu, die alten Deiche besser zu machen, wie er im Gespräch mit seinem Vater zu erkennen gibt (S. 12).
- Aufgrund seiner Zielorientiertheit und Durchsetzungsfähigkeit realisiert er sein Deichbauprojekt auch gegen den Widerstand der Dorfbewohner. In Phasen des Deichbaus ist er hart bis rücksichtslos gegenüber den Arbeitern (S. 66).
- Er ist verantwortungsbewusst gegenüber der Dorfgemeinschaft, indem er seine Aufgaben als Deichgraf erfüllt, aber auch als Ehemann und Vater gegenüber seiner Familie. Er kümmert sich fürsorglich und liebevoll um seine Tochter, aber auch um schwache Kreaturen

(Hund, Möwe, abgemagerter Schimmel). Die völlige Inanspruchnahme des Deichbauprojektes führt allerdings auch zu einer Vernachlässigung seiner Ehefrau.

- Zu seiner emotionalen und weichen Seite gehört die Liebe zu seiner Frau und Tochter. Aber er reagiert auch aggressiv, wie die Katerszene zu Beginn der Geschichte (S. 19) und seine zornige und hasserfüllte Reaktion auf die böswilligen Gerüchte um ihn und seinen Aufstieg zum Deichgrafen zeigen (S. 57, 67). Letzteres zeigt auch seine Kränkbarkeit.
- Er hat ein rational-aufgeklärtes Weltbild und lehnt Aberglauben und Spuk ab, wie aus vielen Szenen und Reaktionen gegenüber seinem Kind (Seeteufel, S. 121), Trien' Jans' Mär von der Meerfrau (S. 119 f.) und auf die Eindämmung des Hundes ersichtlich ist (S. 105). Seine Auseinandersetzung mit der Natur ist rational; er setzt Technik als Mittel der Eindämmung von Naturgewalten ein.
- Die Motive von Hauke, einen neuen Deich zu bauen, sind vielschichtig: Ehrgeiz, das Sich-Beweisen-Wollen, um zu zeigen, dass er das Amt zu Recht innehat, Werben um soziale Anerkennung, Sicherung der Dorfgemeinschaft zum Schutz vor Sturmfluten, aber auch egoistische Motive wie Vergrößerung des Landbesitzes und die Erhöhung des eigenen Selbst.

Explizite Techniken der Figurencharakterisierung:

- Der Schulmeister hält ihn für einen überragenden Geist, der andere um Kopfeslänge überrage, und vergleicht ihn mit Sokrates, einem griechischen Philosophen, und Jesus, dem Märtyrer (S. 144). Der Erzähler teilt mit dem Protagonisten das rationale, aufgeklärte Weltbild und eine rationale Naturauffassung. Er hebt seinen Helden in seinen positiven Eigenschaften hervor und vergrößert ihn, ist jedoch der Härte von Hauke beim Deichbau den Arbeitern und sich selbst gegenüber nicht unkritisch (S. 66).

- Dem stehen die anderen Dorfbewohner gegenüber: Ole Petersen unterstellt ihm Eigennutz, Gewinnstreben und egoistisches Kalkül bei seinem Deichbauprojekt; setzt Haukes Eigenleistung und Fähigkeiten als Deichbauingenieur herab mit dem Vorwurf, er verdanke seine Karriere seiner Frau. Verleumdungen als Gottesleugner von den Konventikel-Anhängern (Pietisten) und als Teufelsbündner durch den Knecht Carsten und die Magd Ann' Grethe setzen ihn in ein Bild eines gottlosen, ungläubigen Menschen, der im Pakt mit dem Teufel, dem Bösen stehe. Die Gegensätze zwischen ihm und den Dorfbewohnern und unheimliche Geschehnisse schüren Vorurteile und Ausgrenzungen, die teilweise der Held selbst durch sein Verhalten provoziert.
- Ein positives Bild spiegelt Elke von ihrem Mann zurück. Wertschätzung und Stolz auf seine Begabung und Leistung kommen u. a. in der Szene zum Ausdruck, in der sie ihm sich selbst im Spiegel als Deichgrafen zeigt (S. 68).

Aufgabe 2: Analyse des Erzählrahmens

Arbeitsauftrag 2: Beschreiben Sie den Erzählrahmen und analysieren Sie die Beziehung von Rahmen und Binnenerzählung. Arbeiten Sie die Funktion des Erzählrahmens heraus.

Lösungshinweise

Allgemeine Anforderungen

Die Besonderheit dieser Novelle besteht in einer komplexen Rahmenkonstruktion mit drei Erzählern, die zu verschiedenen Zeiten über ein Erlebnis berichten. Herauszuarbeiten ist im äußeren und inneren Erzählrahmen die zugrundeliegende Erzählsituation, der Erzählanlass und das Medium des Erzählens. Erfasst werden müssen die vielfältigen Perspektiven, die durch den Rahmen gegenüber der Binnenerzählung eingenommen werden, und die Funktion des Rahmens, das Erzählte in seiner Tatsächlichkeit zu relativieren.

Inhaltliche Aspekte

- Die Erzählsituation des äußeren Rahmens besteht aus einem unbekannten Ich-Erzähler, der sich in den 1880er Jahren an eine vor langer Zeit gelesene Geschichte im Haus seiner Urgroßmutter erinnert. Er hat das Gelesene aus der Erinnerung heraus schriftlich fixiert. Ort und genaue Zeit seiner Verschriftlichung sind unbekannt.

- Der Erzähler des inneren Erzählrahmens ist ein Geschäftsreisender, der in den 1820er Jahren vor dem Sturm in ein Wirtshaus flüchtet und dort von einer unheimlichen Begegnung auf dem Deich berichtet. Diese wird zum Erzählanlass für den anwesenden Schulmeister, diese gespenstische Erscheinung zu erklären, indem er die Geschichte von Hauke Haien erzählt.
- Die Erzählung des Schulmeisters erfolgt mündlich und stützt sich auf viele verschiedene Quellen. Der fremde Gast wiederum hat dessen Geschichte an einem unbekannten Ort in den 1830er Jahren verschriftet und in einem Lesejournal veröffentlicht, welches später die Quelle für die Erinnerung des anonymen Ich-Erzählers im äußeren Rahmen ist.
- Zwischen Rahmen und erzählter Geschichte bestehen Übereinstimmungen im Schauplatz und einigen agierenden Figuren: nordfriesische Küstenlandschaft, Deichgraf und Deich-Bevollmächtigte, eine stürmische Nacht, Sturmflut, Durchbruch eines Deiches und der erbaute Hauke-Haien-Deich. Die Polarität zwischen Wirklichem und Phantastischem, zwischen aufgeklärtem und abergläubischem Weltbild ist eine weitere Gemeinsamkeit von Rahmen und Binnenerzählung.
- Der gespenstische Reiter taucht selbst nur im Rahmen auf, seine Herkunft führt aber in die Geschichte von Hauke Haien, den abergläubische, konservative Küstenbewohner zu einem Deichgespenst gemacht haben.
- Durch die lange Überlieferungskette und drei Erzähler beglaubigt der Rahmen nicht, wie sonst im Realismus, die erzählte Geschichte von Hauke Haien, sondern stellt

die Geschehnisse als nicht gesichert dar. Es bleibt offen, was wahr und falsch ist, was Faktum und was Aberglauben. Keiner der Erzähler kann für die Tatsächlichkeit und Glaubwürdigkeit des Erzählten garantieren.

- Der innere Erzählrahmen mit der vom Reisenden beglaubigten gespenstischen Erscheinung unterläuft die aufgeklärte Perspektive, die den Bericht des Schulmeisters bestimmt, und lässt die Geschehnisse zweideutig erscheinen.
- Aber auch die Erzählperspektive des Schulmeisters ist nicht eindeutig. In der Jevershallig-Episode bestätigt er durch sein perspektivisches Verfahren das Unheimliche der Geschehnisse.
- Letztlich thematisiert der Rahmen nicht nur das Erzählte in seiner Ambivalenz und Zweideutigkeit, sondern das Erzählen selbst.

Aufgabe 3: Erläuterung der Jevershallig-Episode

Arbeitsauftrag 3: Erläutern Sie, welchen Stellenwert die Jevershallig-Episode innerhalb der Novelle hat, unter Berücksichtigung folgender Aspekte:

a) ihre Funktion im Gesamtaufbau der Novelle;
b) für die symbolische Bedeutung des Raumes;
c) ihre Folgen für das weitere Handlungsgeschehen.

Lösungshinweise

Allgemeine Anforderungen

Es handelt sich um eine komplexe Interpretationsaufgabe, bei der mehrere Aspekte der Novelle einbezogen werden müssen. Die Jevershallig-Episode nimmt eine Schlüsselfunktion in der Novelle ein, die der Schulmeister selbst markiert, weil ab hier eine zweite Erzählung mit Elementen des Abergläubischen beginnt. Die Episode ist Teil einer Semantisierung des Raumes, die die erzählte Welt zweideutig macht.

Inhaltliche Aspekte

- In der Mitte der Novelle erzählt der Schulmeister diese Episode und hebt hervor, dass sich in den folgenden Ausführungen historischer Bericht und Abergläubisches mischen. Von der Gesamtkomposition her betrachtet, setzt ab diesem Zeitpunkt eine Dämonisierung des Helden ein.
- Die Wahrnehmungsperspektive liegt bei drei Figuren, die im Dienst von Hauke stehen bzw. aus dem Hause seines Vaters stammen: der Knecht Iven Johns, ein Tagelöhner und der Dienstjunge Carsten. Sie beobachten auf der Hallig, wo eigentlich nur Tierknochen und ein Pferdegerippe liegen, ein lebendiges Pferd. Carsten fährt hinüber, um dessen Realität zu überprüfen und findet dort nur das Pferdegerippe, während gleichzeitig Iven Johns vom Ufer aus das lebendige Pferd sieht. Die Vorgänge wirken unheimlich und nicht erklärbar auf die Figuren.

- Der Raum wird gegliedert in Diesseits und Drüben. Jevershallig wird zu einem Ort des Unheimlichen semantisiert. Innerhalb des Textes gibt es mehrere Bezüge, die mit diesem Ort verbunden sind: der Tod des Sohnes von Trien' Jans und die gefährlichen Nordweststürme.
- Auf der Handlungsebene hat diese Episode eine weitreichende Folge: Als das Pferdegerippe auf der Hallig verschwunden ist, wird es mit Haukes Schimmel identifiziert und leitet den Prozess der Dämonisierung und Ausgrenzung von Hauke ein.

10. Literaturhinweise / Medienempfehlungen

Einzelausgaben

Storm, Theodor: Der Schimmelreiter. Hrsg. von Sabine Wolf. Stuttgart: Reclam, 2017 [u. ö.]. (Reclam XL. Text und Kontext. 19158.) – *Nach dieser Ausgabe wird zitiert.*

Werkausgaben

Storm, Theodor: Sämtliche Werke in vier Bänden. Hrsg. von Karl Ernst Laage / Dieter Lohmeier. Bd. 1. Gedichte, Novellen 1848–1867. Hrsg. von D. L.. Frankfurt a. M.: Deutscher Klassiker Verlag, 1987. Bd. 3. Novellen 1881–1888. Hrsg. von Karl Ernst Laage. Frankfurt a. M.: Deutscher Klassiker Verlag, 1988.

Quellen

Danziger Dampfboot für Geist, Humor, Satire, Poesie, Welt- und Volksleben, Korrespondenz, Kunst, Literatur, Theater. Darin: »Der gespenstige Reiter. Ein Reiseabentheuer«. Danzig 1838. S. 344–345.

Der gespenstige Reiter. In: Lesefrüchte vom Felde der neuesten Literatur des In- und Auslandes; ernsten und fröhlichen Inhalts. Gesammelt von Dr. J. J. C. Pappe. Bd. 2. Hamburg 1838. S. 125–128.

Müllenhoff, Karl: Sagen, Märchen und Lieder der Herzogthümer Schleswig, Holstein und Lauenburg. Kiel: Schwers'sche Buchhandlung, 1845.

Quellenforschung und Erläuterungen

Eversberg, Gerd: Der echte Schimmelreiter. So (er)fand Storm seinen Hauke Haien. Heide: Boyens, 2010. [Enthält viele Informationen zum Hintergrund der Novelle und gibt den neuesten Stand der Forschung wieder.]

Laage, Karl Ernst (Hrsg.): Der Schimmelreiter. Text, Entstehungsgeschichte, Quellen, Schauplätze, Aufnahme und Kritik. Heide: Boyens, ^{11}2003. [Wichtiger Beitrag zur Grundlagenforschung.]

Wagener, Hans: Erläuterungen und Dokumente. Theodor Storm: *Der Schimmelreiter.* Stuttgart: Reclam, 2010. [Enthält wichtige Dokumente zur Entstehungsgeschichte und Quellen der Novelle.]

Biographien

Laage, Karl Ernst: Theodor Storm. Leben und Werk. Zuerst erschienen 1979. 9., erw. und überarb. Aufl. Husum: Schriften der Theodor-Storm-Gesellschaft, 2015. [Eine gut lesbare und dem neuesten Stand der Forschung entsprechende Darstellung.]

Missfeldt, Jochen: Du graue Stadt am Meer. Der Dichter Theodor Storm. In seinem Jahrhundert. Biographie. Stuttgart: Reclam, 2014. [Eine gut geschriebene Biographie mit neuen Akzenten und Einblicken in Storms Leben und Korrekturen von Fehlern in älteren Biographien.]

Zum Werk Storms

Fasold, Regina: Theodor Storm. Stuttgart [u. a.]: Metzler, 1997. [Nach wie vor eine instruktive, verständlich geschriebene Übersicht über Storms Werk.]

Einzelinterpretationen

Demandt, Christian: Religion und Religionskritik bei Theodor Storm. Kapitel VI. »Wo keine Götter sind, walten Gespenster.« *Der Schimmelreiter.* Berlin: Erich Schmidt, 2010. S. 185–248. [Ist anspruchsvoll; öffnet neue Perspektiven in der Interpretation der Novelle und des Helden].

Hoffmann, Volker: Theodor Storm: *Der Schimmelreiter.* Eine Teufelspaktgeschichte als realistische Lebensgeschichte. In: Interpretationen: Erzählungen und Novellen des 19. Jahrhunderts. Bd. 2. Stuttgart: Reclam, 2008. S. 333–370. [Ordnet die Novelle in das literarische Modell der Lebensgeschichte und der Teufelspaktgeschichte ein.]

Meier, Albert: »Wie kommt ein Pferd nach Jevershallig?« Die Subversion des Realismus in Theodor Storms *Der Schimmelreiter.* In: Hans Krah / Claus-Michael Ort (Hrsg.): Weltentwürfe in Literatur und Medien. Phantastische Wirklichkeiten – realistische Imagination. Festschrift für Marianne Wünsch. Kiel: Ludwig, 2002. S. 167–179. [Ordnet die Elemente des Unwirklichen in den Zusammenhang der Epoche ein.]

Didaktische Bearbeitungen

Blödorn, Andreas: Storms »Schimmelreiter«: Vom Erzählen erzählen. In: Der Deutschunterricht 57 (2005) H. 2. S. 8–17. [Akzentuiert den Erzählrahmen und das Verhältnis von Mündlichkeit und Schriftlichkeit.]

Eversberg, Gerd / Lefebvre, Jean (Bearb.). Radvan, Florian / Steiner, Anne (Hrsg.): Textausgabe und Kopiervorlagen. Theodor Storm: *Der Schimmelreiter*, Berlin: Cornelsen, 2014. [Bietet ein Unterrichtsmodell mit vielfältigen Aufgaben, die systematisch aufeinander bezogen und gut geeignet sind, die Novelle in ihrer Vielschichtigkeit zu erschließen.]

Hildebrandt, Klaus: Theodor Storm. *Der Schimmelreiter*: Interpretation. 2., überarb. u. korr. Aufl. München: Oldenbourg, 2009. [Übersichtliche, gut gegliederte Interpretation der Novelle mit konkreten Unterrichtsvorschlägen.]

Zur Gattung und Epoche

Aust, Hugo: Novelle. Stuttgart/Weimar: Metzler, ^{5}2012. [Ein gut lesbarer Forschungsbericht zur Gattung und ihrer Entwicklung.]

Aust, Hugo: Realismus. Lehrbuch Germanistik. Stuttgart/Weimar: Metzler, 2006. [Instruktive, gut lesbare Einführung in den Realismus.]

Lesungen

Theodor Storm: *Der Schimmelreiter.* Gelesen von Gert Westphal. 4 Audio-CDs, 270 Min. Verlag Deutsche Grammophon GmbH 1993.

Theodor Storm: *Der Schimmelreiter.* Gelesen von Otto Mellies. 4 Audio-CDs, 300 Min. Stuttgart: Reclam; DIRECTMEDIA, 1999. (Reclam Hörbuch.)

Theodor Storm: *Der Schimmelreiter.* Gelesen von Wolfgang Büttner. 6 Audio-CDs, 265 Min.. München: Terzio-Verlag, 1999. (Steinbach sprechende Bücher.)

Kriminalroman

Paluch, Andrea / Habeck, Robert: Hauke Haiens Tod. München: Piper, 2006. [Ein Kriminalroman der Novelle mit John Ivens und Wienke als Hauptfiguren, die die Vorgänge in der Sturmnacht aufklären wollen.]

Graphic Novel

Helmbold, Ute: Theodor Storm: *Der Schimmelreiter.* Eine Graphic Novel. Eckernförde: Edition Eichthal, 2013. [Erzählt wird allein die gekürzte Binnengeschichte. Oft sind Dialoge in szenische Bilddarstellungen integriert.]

Natter, Jens: *Der Schimmelreiter.* Von Theodor Storm. Heide: Boyens, 2014. [In einer eigenen Bildsprache, die gängige Comic-Sehgewohnheiten unterläuft, wird die Novelle in das Medium einer graphischen Erzählung transformiert.]

Verfilmungen

Der Schimmelreiter. Regie: Curt Oertel/Hans Deppe. UFA. Hamburg 1933/34. [Ist der völkisch-nationalsozialistischen Ideologie verpflichtet, aber filmästhetisch anspruchsvoll.]

Der Schimmelreiter. Regie: Alfred Weidenmann. Berlin 1977/78. [Ein flacher Mainstream-Film.]

Der Schimmelreiter. Regie: Klaus Gendries. DDR/Polen 1984. [Thematisiert als einziger Film die Rahmentechnik und das Erinnerungsmotiv.]

Bühnenfassungen

Musiktheater/Oper: Der Schimmelreiter. Zweiundzwanzig Szenen und ein Zwischengesang nach Theodor Storm. Libretto von Andreas K. W. Meyer, Musik von Wilfried Hiller. Dirigent: Ulrich Windfuhr. Inszenierung: Kirsten Harms. Uraufführung Kiel am 21. Juni 1998.

Der Schimmelreiter. Schauspiel nach der gleichnamigen Novelle von Theodor Storm auch als Theater im »sakralen Raum«. Inszenierung: Peter Kube. Uraufführung am 7. Februar 2014 an den Landesbühnen Sachsens. [Versteht sich als Beitrag zu aktuellen Debatten um Hochwasserschutz.]

Der Schimmelreiter. Inszenierung und Regie: Johan Simons. Uraufführung Thalia Theater Hamburg 2016. [Die Kritik warf der Inszenierung Langatmigkeit vor.]

11. Zentrale Begriffe und Definitionen

Aufklärung: bezeichnet eine Epoche, die sich auf die Vernunft als zentrale Urteilsinstanz beruft, gegen Vorurteile antritt und sich für Handlungsfreiheit und Menschenrechte ausspricht. Sie wendet sich gegen das Mittelalter, als eine Epoche der Dunkelheit und des Aberglaubens. Die Epoche der Aufklärung kann auf ca. 1720 bis 1800 datiert werden.

➤ S. 7, 8, 87, 119

Deixis: Die Bezugnahme auf Personen, Gegenstände oder Zeiten vom Standort/Zeitpunkt des Sprechers aus mittels deiktischer Ausdrücke wie lokaler Adverbien (*hier*, *dort*), temporaler Adverbien (*jetzt*, *dann*), Pronomina (*ich*, *du*) und Bewegungsverben (*kommen* und *gehen*). Sie geben Standorte, Richtungen und Bewegungsverläufe an und strukturieren dadurch Raum und Zeit.

➤ S. 74, 83

Diskurs: allgemeine Bedeutung: eine Reihe von Äußerungen/Texten über einen Gegenstand bzw. ein Thema wie Natur oder Kultur. Erzählerischer Diskurs: die Ebene des Erzählens im Unterschied zur Ebene der erzählten Geschichte.

➤ S. 90, 96

Erlebte Rede: Erzählt werden Geschehnisse und Situationen aus der Wahrnehmungsperspektive einer Figur. Der Erzähler tritt dabei völlig in den Hintergrund. Erkennbar ist die erlebte Rede am Personalpronomen der dritten Person Singular/Indikativ, dem Imperfekt und dem Sprachstil der Figur. Es wird keine inquit-Formel *(sagte* *er)* verwendet. Bei Ich-Erzählungen, in denen die Wahrnehmungen und Gedanken einer Ich-Figur wiedergegeben werden, wird das Personalpronomen der 1. Person Singular verwendet.

➤ S. 41, 95

Erzähler:

- **auktorialer Erzähler:** Als Er-Erzähler ist er keine Figur der erzählten Welt, verfügt über ein umfassendes Wissen und einen Weitblick über die Vorgänge in der erzählten Welt und hat Einblick in das Innere von Figuren. Auch ein Ich-Erzähler kann sich auktorial verhalten, wenn er auf sein früheres Leben zurückblickt.

➤ S. 41

- **Er-Erzähler:** Erzähler gehört nicht zur Figurenwelt.

➤ S. 37, 41, 50

- **Ich-Erzähler:** Erzähler ist zugleich eine Figur in der erzählten Welt.

➤ S. 7, 10, 37, 38–40, 48, 50, 104, 106, 108 f., 126 f.

- **unzuverlässiger Erzähler:** Den Aussagen des Erzählers ist nicht zu trauen; es ist ungesichert, ob sie wahr sind und tatsächlich zutreffen.

➤ S. 111

Fiktion: eine erdachte, erfundene Wirklichkeit, die nicht unabhängig vom Erzählen existiert, sondern erst durch das Erzählen entsteht. Fiktiv bedeutet, dass etwas nicht real in einer außersprachlichen Wirklichkeit existiert.

➤ S. 39, 46, 49, 57, 96, 106, 112, 117, 118, 120

Fokalisierung: ersetzt den älteren Begriff des *point of view* in der Erzählforschung. Differenziert die Perspektive aus der erzählt wird. Unterschieden werden:

- **Externe Fokalisierung**: ein nicht figurengebundenes Sehen (Außensicht), das keinen Einblick in das Innere von Figuren gibt.
- **Interne Fokalisierung:** ein figurengebundenes Sehen mit Einblick ins Innere der Figur.

➤ S. 83

- **Nullfokalisierung:** Es wird nicht fokalisiert, d. h. es werden keine Wahrnehmungsvorgänge dargestellt. Nullfokalisierung gleicht dem auktorialen Erzähler, der einen Überblick über das Geschehen hat und allwissend ist.

Intertextualität: durch Bezugnahme von Texten auf andere Texte, durch Anspielungen oder Zitate (Wörtliches, Bilder, Figuren) entsteht ein Netz von intertextuellen Verweisen.

➤ S. 62

Katastrophe: Als dramentheoretischer Begriff bezeichnet Katastrophe in der Tragödie den Fall / das Scheitern des Helden. Als naturphilosophischer Begriff steht Katastrophe in Verbindung mit Naturgewalten und ihrer zerstörerischen Kraft wie Sturmfluten oder Erdbeben. Katastrophen gehören zu den existenziellen Erfahrungen des Menschen; sie leben fort in Mythen, Epen, mündlichen und schriftlichen Erzählungen.

➤ S. 9, 20, 29 45, 47, 80, 91 f., 108

Leitmotiv: eine systematisch wiederholte Formeinheit, bei der entweder Wörter oder Texteinheiten wieder aufgenommen oder Handlungen und Situationen wiederholt werden. Leitmotive gliedern die Handlung, stellen innerhalb einer Erzählung Verknüpfungen her und stehen oftmals mit der Entwicklung eines Protagonisten in Verbindung.

Metapher: eine bildliche Redeweise, bei der ein sprachlicher Ausdruck in einem anderen, ihm fremden Kontext verwendet wird. Durch die ungewöhnliche Verwendung eines Wortes in einem Kontext werden Konventionen der Sprachverwendung gebrochen und neue Beziehungen zwischen Sachverhalten hergestellt, so dass die Metapher etwas Neues ausdrückt.

➤ S. 73, 80

Motiv: die kleinste strukturbildende, bedeutungstragende Einheit eines Textes, kann eine handlungsauslösende Funktion haben (Gespensterpferd, Wiedergänger, Deichopfer). Die Funktion von Motiven besteht darin, einen Erzähltext zu gliedern, zur Entfaltung eines Themas beizutragen, Inhalte/Probleme anschaulich zu machen und Spannung zu erzeugen.

➤ S. 42, 53–55, 62, 82, 102, 110, 118, 121, 136

Personifikation: Vermenschlichung von Gegenständen, Tieren, Pflanzen, Naturerscheinungen.

➤ S. 93

Phantastisches: Ereignisse und Figuren, die mit den Gesetzen einer realen Welt nicht verträglich sind (Geister, Spuk, Wiedergänger, Zeitreisen). Sie weichen von der Realität ab, wirken unheimlich und unwirklich. Oft bleibt offen, ob das Ereignis tatsächlich stattgefunden hat oder nur eine Täuschung war. Ein Verfahren zur Erzeugung von Phantastischem besteht darin, die Aussage eines Erzählers durch ein »Es schien mir« zweifelhaft werden zu lassen, der Erzähler also nicht als verlässlicher Garant für Geschehnisse in der erzählten Welt auftritt wie in *Der Schimmelreiter.*

➤ S. 45, 47, 68 f., 82, 88, 96, 110, 112, 127

Quelle: Texte oder mündliche Überlieferungen, aus denen ein Autor seinen ➤ Stoff und bestimmte ➤ Motive bezieht.

➤ S. 8 f., 38, 48, 53, 56 f., 61 f., 116, 118, 127, 131 f.

Realismus: eine literarische Epoche, die sich etwa von 1830 bis 1890 erstreckt und durch Wirklichkeitsnähe, Darstellung von alltäglichem Leben, Menschen und Privatsphäre gekennzeichnet ist, ohne bloßes Abbild von Wirklichkeit zu sein. Betont wird, dass das Dargestellte/Erzählte eigenen ästhetischen Gesetzen folgt. Während die Bezeichnung »bürgerlicher Realismus« die Darstellung der Lebenssphäre und Kultur des Bürgertums akzentuiert, ist »poetischer Realismus« ein poetologischer Begriff, der die realistische Programmatik nach 1850 umreißt und auf einen Ausgleich zwischen Wirklichkeit und Vorstellungen einer wünschenswerten, idealen Wirklichkeit zielt. Die Differenz zwischen Wirklichkeit und Literatur sollte dabei nicht verwischt werden.

➤ S. 49, 62, 111 f., 120, 127, 133 f.

Säkularisierung: ein Prozess, den die ➤ Aufklärung in Gang gesetzt hat und in dem der Mensch aus seiner Bindung an die Religion gelöst wird. An die Stelle eines religiösen Weltbildes tritt ein weltliches, von der menschlichen Vernunft bestimmtes Weltbild.

➤ S. 78

Stoff: ein komplexes Handlungsgefüge und eine Problemkonstellation, die sich auf eine Vorlage beziehen und an

Personennamen und eine bestimmte Handlungskonfiguration gebunden sind (*Faust*, *Schimmelreiter*). Ein Stoff bestimmt den gesamten Handlungsverlauf eines Textes. Zu den Handlungselementen des *Schimmelreiter*-Stoffes gehören: der Deichgraf, Sturmflut, verschuldeter Deichbruch, Sturz mit seinem Schimmel in den Deichbruch und Wiederkehr als Reiterspuk.

➤ S. 8, 53, 62, 114, 141

Symbol: verweist auf etwas anderes. Wird etwas als ›symbolisch‹ bezeichnet, so erhält es über das Beschriebene hinaus eine andere Bedeutung, indem z. B. auf Tod, Vergänglichkeit oder Weltbilder verwiesen wird.

➤ S. 77, 81, 90, 93, 96, 105, 128

Verklärung: ein Postulat der Realisten, nicht nur das Sinnlich-Wahrnehmbare von Realität zu zeigen, sondern verborgene und wesentliche Zusammenhänge, die nicht sichtbar sind, darzustellen.

➤ S. 112

Zeichen: steht für etwas anderes bzw. verweist auf etwas anderes.

➤ S. 22, 54, 66, 68, 72, 76, 89–91, 95